KÖPFE DES XX·JAHRHUNDERTS

Ehrhard Bahr

Ernst Bloch

COLLOQUIUM VERLAG BERLIN

KÖPFE DES XX · JAHRHUNDERTS
BAND 76

Vom selben Autor erschien in dieser Reihe
Band 61: Georg Lukács

Eine Aufstellung aller bisher in
dieser Reihe erschienenen Biographien
finden Sie auf der letzten Seite
dieses Bandes.

Lichtsatz: Gleißberg & Wittstock, Berlin
Druck: Color-Druck, Berlin
Einband: Schöneberger Buchbinderei, Berlin
Schrift: Garamond Fototronic
Buchausstattung: Georg Goedecker · Foto: AP
Printed in Germany · ISBN 3 7678 0358 5

Marxismus, Mystik und Karl May

Zwischen den drei Polen Marxismus, Mystik und Karl May spielen sich das Leben und Denken des Philosophen Ernst Bloch ab. Er vereinigte in seiner Philosophie Marxismus, jüdische und christliche Mystik und eine Tendenz, die Wahrheit im Banalen und Trivialen aufzuspüren, die hier mit dem Namen des bekannten Volksschriftstellers Karl May bezeichnet wird. Grundlage dieser Philosophie bildet der deutsche Idealismus: Kant, Goethe, Fichte, vor allem Hegel und schließlich Schelling. Die durch Kant und Hegel bezeichnete Richtung mußte den desillusionierten jungen bürgerlichen Intellektuellen mit innerer Folgerichtigkeit zum Marxismus führen, denn dieser lieferte der Generation von 1885, die von der Untergangsstimmung der bürgerlichen Welt, ihrer Kultur und Werte beherrscht war, eine Methode zur Analyse ihrer Situation und eine wissenschaftlich und politisch fundierte Theorie, um die neugewonnene Selbsterkenntnis in die Praxis umzusetzen. Hierdurch war begründete Hoffnung gegeben, die Krise der bürgerlichen Gegenwart zu begreifen und aufzuheben. Der Erste Weltkrieg beschleunigte diesen Prozeß der Auflösung und Erkenntnis, und die proletarische Revolution wurde von der jungen Generation als Zeichen des Beginns einer neuen Welt und der Befreiung der Menschheit begrüßt.

Die Frage, die sich hier aufdrängt, hat Ernst Bloch selbst gestellt: „Was hat solche, die es sozusagen nicht nötig hatten [d. h., die Söhne und Töchter bürgerlicher Familien], zur roten Fahne geführt?" Denn Heils- und Irrlehren gab es genug zu jener Zeit: Expressionismus, Dadaismus, Neo-Romantik, Jugendbewegung, Frauenbewegung, Zionismus, Pazifismus, religiöser Anarchismus – und schließlich Faschismus als Abwehrbewegung des Bürgertums gegen seine Feinde. Der Faschismus erwies sich in Deutschland als stärkste Bewegung, weil er es verstand, die junge Generation unter Vorspiegelung einer Verbindung von nationaler und sozialistischer Revolution an sich zu ziehen. Er bot den irrationalen politisch-sozialen Heilserwartungen einen nationalen Mythos und vermochte mit Schlagworten wie Patriotismus, Gemeinschaft, Reich und Führertum von seinem verbrecherischen, antihumanen Programm abzulenken.

Im Gegensatz dazu sah sich die junge Intelligenz Marx' humanem Programm, seinem neuen kategorischen Imperativ verpflichtet: „Alle Verhältnisse umzuwerfen, in denen der Mensch ein erniedrigtes, ein geknechtetes, ein verlassenes, ein verächtliches Wesen ist" (Einleitung zur Kritik der Hegelschen Rechtsphilosophie). Gemüt, Gewissen und Wissensgier führten die fortschrittliche bürgerliche Jugend zum Marxismus: „Gemüt, das ... sich vor dem Elend so vieler zusammenkrampft, ... Gewissen, das wegen dieses Elends in einigen stillen Angehörigen der herrschenden Klasse schlägt, während die tätigen Teilhaber des Geschäfts sich den Profit ganz ungestört schmecken lassen, ... [und] Wissensgier, daß mit dem Messer der wissenschaftlichen Analyse der Ast abgeschnitten wird, auf dem ein Jüngling oder ein Mädchen auskömmlicher Herkunft und Zukunft bis dahin gesessen haben." (E. Bloch: *Das Prinzip Hoffnung*, S. 1604. Im folgenden zitiert als PH.) Das Zusammenwirken dieser drei Kräfte führte zur Erfüllung des Tatbestandes, den Marx und Engels im *Manifest der Kommunistischen Partei* analysiert hatten: „In Zeiten endlich, wo der Klassenkampf sich der Entscheidung nähert, nimmt der Auflösungsprozeß innerhalb der herrschenden Klasse ... einen so heftigen, so grellen Charakter an, daß ein kleiner Teil der herrschenden Klasse sich von ihr lossagt und sich der revolutionären Klasse anschließt, der Klasse, welche die Zukunft in ihren Händen trägt." Diese Gründe führten die Söhne aus gutem Hause, die von dem Freudschen Unbehagen an der Kultur des Bürgertums erfüllt waren, wie einst die Bürgersöhne Marx und Engels selbst, zur roten Fahne des Proletariats: Theodor W. Adorno, Walter Benjamin, Bertolt Brecht, Hanns Eisler, Max Horkheimer, Georg Lukács, Herbert Marcuse, Ernst Bloch und viele andere mehr. Jener Schritt war für sie nicht nur eine politische, sondern auch eine philosophische und ethische Entscheidung: nicht nur die Erkenntnis einer geschichtlich notwendigen Entwicklung bewegte sie, sondern auch ein Bewußtsein, die Sünden ihrer Klasse auf sich nehmen zu müssen, um dadurch die Menschheit erlösen zu können. Was für Enttäuschungen ihnen bevorstanden, konnten sie damals nicht ahnen. Von den revolutionären Pragmatikern wurden sie verächtlich als „Ethiker" abgetan, aber durch die Zeiten der Unterdrückung und Verfolgung hindurch haben sie bewahrt, was abwechselnd „humaner", „kritischer", „schöpferischer" und „offener Marxismus" oder „menschlicher Sozialismus" genannt worden ist.

Was Ernst Bloch am Marxismus besonders anzog und worauf er sich im Laufe seines Lebens konzentrieren sollte, war das Utopische im Marxismus. Lenin hatte in seinem Aufsatz über die „Drei Quellen und drei Bestandteile des Marxismus" folgende Triade aufgestellt: die deutsche idealistische Philosophie, die englische politische Ökonomie und den französischen utopischen Sozialismus. Marx und Engels hatten Char-

les Fourier (1772–1837), Claude Henri Graf de Saint Simon (1760–1825) und Robert Owen (1771–1858) als die drei großen Utopisten und Gründer des Sozialismus bezeichnet. Sie distanzierten sich später vom utopischen Sozialismus und Kommunismus, weil diese Systeme weder Verständnis für Probleme der Ökonomie noch Einsicht in den Zusammenhang zwischen politischen Institutionen und ihren gesellschaftlichen Grundlagen aufzubringen vermochten. Aber noch 1888 gestand Engels in der Vorrede zur englischen Ausgabe des *Manifests der Kommunistischen Partei*, daß der utopische Sozialismus und Kommunismus den „Kardinalpunkt" getroffen hätten. In der Marx/Engels-Perspektive von 1848 bestand die Leistung der Utopisten des 19. Jahrhunderts darin, daß sie „alle Grundlagen der bestehenden Gesellschaft" angriffen und dadurch „höchst wertvolles Material zur Aufklärung der Arbeiter lieferten". (*Manifest der Kommunistischen Partei,* 1848.)
Die Grundzüge des Utopischen, die das Denken des Marxismus durchziehen, sind durch Marx' eigene Worte bezeugt. In einem Brief vom 9. Oktober 1866 an Ludwig Kugelmann in Hannover erklärte er, daß er Ahnung und Ausdruck einer neuen Welt in den Utopien eines Fourier und Owen gefunden habe. An Arnold Ruge schrieb Marx im September 1843: „Die Reform des Bewußtseins besteht *nur* darin, daß man die Welt ihr Bewußtsein innewerden läßt, daß man sie aus dem Traum über sich selbst aufweckt, daß man ihre eigenen Aktionen ihr *erklärt* ... Unser Wahlspruch muß also sein: Reform des Bewußtseins nicht durch Dogmen, sondern durch Analysierung des mystischen, sich selbst unklaren Bewußtseins, trete es nun religiös oder politisch auf. Es wird sich dann zeigen, daß die Welt längst den Traum von einer Sache besitzt, von der sie nur das Bewußtsein besitzen muß, um sie

wirklich zu besitzen."

An diese Grundsätze des utopischen Denkens im Marxismus knüpfte Ernst Bloch an. In seiner Leipziger Antrittsvorlesung von 1949 erklärt er: „Fast sämtliche Utopien ... [hatten] Sozialismus im Sinn." In ihnen habe sich die Erwartungstendenz ausgeprägt, die zwar die gesamte menschliche Geschichte durchziehe, aber erst im Marxismus einen konkreten Ausdruck gefunden habe, nämlich den mit den realen Möglichkeiten exakt vermittelten. Es gehe um die Gesamterkenntnis des real Möglichen, das in der gegebenen Wirklichkeit latent enthalten sei: „Die ganze Wirklichkeit der Welt ist selber noch nicht heraus, sie braucht den Menschen, als höchste Produktiv- und Artikulierungskraft, um ... den eigentlichen Inhalt ihres Anstoßes und Antriebes zu finden." Dieser Prozeß, mit der Philosophie des Marxismus als besonderem Licht, sei „der Weg der Natur selber, deren wir Menschen ein Teil sind". (E. Bloch: *Gesamtausgabe.* Bd. 10, 1969, S. 288 ff. Im folgenden zitiert als G X.)

Marx ist für Bloch „Vorbild ... [der] *sich tätig begreifenden Menschlichkeit*", Marxismus „Beförderung der Menschlichkeit" und Erbe dessen, „was im früheren, revolutionären Bürgertum an Humanem intendiert war". (PH, S. 1606 f.) An anderer Stelle heißt es: „Marxismus ... ist seit Anfang humanity in action, Menschengesicht in Verwirklichung." Ferner: „Der Marxismus ... nimmt ... das Märchen ernst, den *Traum vom Goldenen Zeitalter* praktisch." (PH, S. 1608.) Damit geht Bloch von Marx zurück auf Jesaja, Jesus, Plato, Augustin, Joachim di Fiore und Thomas Münzer und belebt damit nicht nur die utopischen, sondern auch die messianischen und chiliastischen Gehalte der Vergangenheit im Sinne des Marxismus. Bloch hat sich zwar ausdrücklich gegen Karl Löwiths Bezeichnung des historischen Materialismus als Heilsgeschichte in der Sprache der Nationalökonomie und der Charakterisierung des Kommunismus als Pseudomorphose des jüdisch-christlichen Messianismus gewandt (PH, S. 1612.), aber bereits der Neukantianer Hermann Cohen (1842 – 1918) hatte auf die biblisch-prophetischen Züge in den Marxschen Schriften hingewiesen.

Die Beziehungen zwischen dem Marxismus und den Vorstellungen der jüdisch-christlichen Eschatologie sind nicht zu leugnen. Bloch wäre sicherlich der letzte, der es täte. In seinem Hauptwerk *Prinzip Hoffnung* sind sämtliche Namen von Jesaja bis Thomas Münzer vertreten. Es ist viel Joachitisches in Blochs Philosophie. Der kalabrische Abt und Begründer der christlich-revolutionären Sozialutopie im 12. Jahrhundert hatte ein „Drittes Reich", ein Endzeitalter der geistigen Vollendung und des Liebeskommunismus gepredigt. Aber Bloch versteht den Marxismus nicht als Nachahmung, sondern als Fortsetzung und Verwirklichung dieser Tradition. Erst der Marxismus bringe die unveränderliche „Intention auf Utopisches" (PH, S. 557.), die in allen diesen Traditionen enthalten ist, ans Licht. Messianismus und Chiliasmus werden nach Ansicht von Bloch erst im Marxismus zu „exakten Antizipationen".

Jürgen Habermas bemerkte, „das jüdische Organ im Marxismus [mache] für bestimmte, einst von Kabbala und Mystik gehütete Perspektiven empfindlich". (*Über Ernst Bloch*, 1968, S. 69. Im folgenden zitiert als UEB.) Ernst Bloch ist dafür das beste Beispiel. Die jüdische Mystik, wie sie von Gershom Scholem, einem ihrer hervorragendsten Interpreten, dargestellt worden ist, reicht vom ersten vorchristlichen Jahrhundert bis in die Gegenwart. Ihre Höhepunkte sind die spanische Kabbala und das Buch Sohar aus dem 13. Jahrhundert und der polnische und ukrainische Chassidismus des 18. Jahrhunderts mit seinen Auswirkungen bis in die Gegenwart zu Martin Buber, Nelly Sachs, S. J. Agnon und Eli Wiesel. Wie Scholem erläutert, geht die jüdische Mystik in ihren Vorstellungen „von den spezifischen Werten des Judentums aus". Kabbala „ist ... nicht ... der Name eines bestimmten Lehrsystems, sondern begreift eine ganze religiöse Bewegung in sich". (*Die jüdische Mystik in ihren Hauptströmungen*, 1957, S. 11, 20.) Einige der Fragen, die die jüdische Mystik besonders bewegten, wie zum Beispiel der Gegensatz zwischen lebendigem Gott und unbekanntem Gott (*deus absconditus*), der Begriff der „Schöpfung aus Nichts" sowie die Deutung des Exils und des Messianismus, tauchen wieder bei Bloch auf. Zur Charakterisierung der Leistung des Marxschen Denkens hat er eine typisch mystische Vorstellung in Goetheschem Sprachgewand gewählt, wenn er sagt: „Gerade im Nichts ... lehrt Marx unser All zu finden." (PH, S. 1607.)

Das dritte Erbteil, das in diesem Zusammenhang erwähnt werden muß, ist der Bereich des Trivialen, in dem Bloch die Elemente der Hoffnung aufspürt: Reklame, Kitsch, Jahrmarkt, Zirkus, Kolportage, Hollywood, Traumfabrik und Happy-End. „An der Lüge [muß] etwas dran sein", schrieb Bloch 1929 in einem Artikel über „Die Silberbüchse Winnetous" in der *Frankfurter Zeitung*, „nämlich der echte Wunsch nach Ferne, den sie erfüllt". Wie er einmal sagte: „Es gibt nur Karl May und Hegel, alles dazwischen ist eine unreine Mischung." (*Ernst Bloch zu ehren*, 1965, S. 358. Im folgenden zitiert als EBE.) Nach seiner Ansicht ist Karl May „einer der besten deutschen Erzähler, und er wäre vielleicht der beste schlechthin, wäre er kein armer, verwirrter Prolet gewesen". Bloch rechnete ihn zum Geschlecht der Erzähler eines Wilhelm Hauff: „Nur mit mehr Handlung, er schreibt keine blumigen Träume, sondern Wildträume, gleichsam reißende Märchen." Den „Shakespeare der Jungens" nannte Bloch ihn, als er das Phänomen des Jugend- und Volksschriftstellers analysierte. „Ein sehnsüchtiger Spießbürger, der selbst ein Junge war, durchstieß den Muff seiner Zeit. Er kolportierte nicht die romantischen Ideale des Bürgertums (feine Leute, Salonglanz), auch nicht die Rittergeschichten aus dem Biedermeier. Sondern er kolportierte nochmals den Indianerroman aus der Zeit Coopers, der revolutionären Ideale (als die Wilden noch bessere Menschen waren). Der Flitter des Jahrmarkts kam hinzu, der echte Budenorient, wie er zur Kolportage gehört." Bloch erkannte wohl, daß sich Old Shatterhand zu nationalsozialistischem Zweck und Gebrauch usurpieren ließe, aber er entschied dennoch für den Traum der Kolportage, da er sich als Explosivstoff bewähre: „Träumt . . . Kolportage . . . so träumt sie doch letztlich Revolution." (G IV, S. 169 ff.) So wird der Bereich des Trivialen in das System der Hoffnung integriert auf eine Art und Weise, wie es wohl selten in der Geschichte der deutschen Philosophie geschehen ist.

Eine einführende Gesamtcharakteristik Ernst Blochs bleibt ohne Berücksichtigung seiner Sprache unvollständig. Wie der Theologe Manfred Mezger mit Recht hervorgehoben hat, ist das Unverwechselbare an Ernst Bloch seine Sprache: „Nicht das Philosophische zuerst, nicht das Soziale, nicht die Frage nach Recht, Historie oder Kunst, das alles kommt nachher. Zuerst die Sprache in ihrer phänomenalen Spontaneität. Man muß hören, wie sie herausspringt aus dem Nichts, als stiege sie aus gestaltlosem Dunkel. Bruckners Themen kommen so ans Licht. Noch ist nichts. Alles wird." (EBE, S. 183.) Der hier spricht, ist bereits eingefangen von Blochs Sprachgewalt und Sprachverführung. Einen Propheten mit Marx-

und Engelszungen hat ihn Martin Walser genannt, einen Mann mit einer Orgelstimme und einer Orgelsprache. (UEB, S. 7, 14.) Blochs Sprache ist Literatur als Philosophie und Philosophie als Literatur. Darin liegt ihre Stärke und Begrenztheit. Von der frühen Aufklärung bis zu Kant hat sich die deutsche Philosophie um die Schaffung einer philosophischen Begriffssprache bemüht. Mit Hamanns Sprachkritik bricht eine Tradition durch, in der sich das Denken innerhalb der Sprache auf eine Art und Weise vollzieht, daß man sagen könnte, die Sprache beginne hier, sich selbst zu denken. Man braucht nur die Anfänge von Blochs Büchern zu lesen, um zu verstehen, worum es hier geht. Seine Werke setzen poetisch ein: „Ich rege mich. Von früh auf sucht man. Ist ganz und gar begehrlich, schreit. Hat nicht, was man will." (*Das Prinzip Hoffnung.*) Oder: „Auch aus nichts wird etwas. Aber es muß in ihm angelegt sein. So läßt sich keinem geben, was er nicht vorher hat." (*Subjekt–Objekt.*) Und: „Mit fast nichts fangen wir an. Das treibt uns, will mehr spüren. Sieht sich danach um, tastet und greift." (*Das Materialismusproblem.*) Bloch selbst komprimierte den Gedanken mit den Worten: „Es ist gut, auch fabelnd zu denken." Sein Philosophieren setzt fabulierend ein. Sein Sprechton erinnert an biblische Gleichnisse, Hebelsche und Brechtsche Kalendergeschichten, Jean Paulsche Gedankenflüge, Benjamin-Essays, Kafkasche Parabeln und chassidische Geschichten, wie sie Martin Buber überlieferte. Der Philosoph gibt „erzählend zu bedenken" und „denkend ... zu erzählen". Entscheidend ist die Erzählergeste des „Merke!" Sie deutet auf das hin, was auffallen und bedacht werden soll. (G I, S. 16 f.)

Hier spricht eigentlich die Sprache, wie Heidegger sagt, „nicht der Mensch. Der Mensch spricht erst, insofern er jeweils der Sprache ent-spricht". (*Hebel, der Hausfreund*, 1957, S. 34.) Obwohl Bloch ein absoluter Heidegger-Antipode ist, so gibt es bei ihm doch auch dieses „der Sprache Entsprechen". Bloch „ent-spricht" der Sprache des Chiliasmus, des Messianismus, der Schwärmer und Wiedertäufer, der Chassidim und der Expressionisten. Er verwendet Sprachformen, deren Botschaft er dialektisch umzufunktionieren sucht. Mit Heidegger teilt er die Vorliebe für etymologische Bindestriche, wie zum Beispiel in den Begriffen „Da-sein", „Ge-wesenheit", „Vor-schein", – und die Vorliebe für Johann Peter Hebel. Aber während Heidegger in dem Rheinischen Hausfreund die heile Welt der Vergangenheit sucht, findet Bloch in ihm den Durchbruch zur Bauernbefreiung, Revolution und Aufklärung. Die Gewalt der Sprache bei Bloch ist mitreißend, aber nicht immer beweiskräftig. Das Denken folgt der Sprache nur zögernd nach. Darin bezeugt sich die Macht und Ohnmacht seines Philosophierens.

Geist, der sich erst bildet

Kant fragt: „Was kann ich wissen? Was soll ich tun? Was darf ich hoffen?“ Bloch hat mehr Fragen. Er fragt weitgreifender und mit biblischem Unterton: „Wer sind wir? Wo kommen wir her? Wohin gehen wir? Was erwarten wir? Was erwartet uns?“ So lauten die ersten Sätze seines Hauptwerkes *Das Prinzip Hoffnung* (1954 – 1959). Nur die beiden letzten Fragen berühren sich mit der Kantschen Frage nach der Hoffnung, die eigentlich eine Blochsche Frage hätte sein können. Hier hat ihm der Königsberger Philosoph vorgegriffen.

Woher kam Bloch? Die knappen, nüchternen biographischen Daten vermelden, daß Ernst Bloch, israelitischen Bekenntnisses, wie es damals hieß, am 8. Juli 1885 in Ludwigshafen am Rhein als Sohn des königlich bayrischen Eisenbahnverwalters Max Bloch und dessen Ehefrau Berta, geb. Feitel, geboren wurde.

Ernst Bloch hat es in seinen Werken verstanden, biographische Fakten mit den Träumen und Hoffnungen seiner Kindheit, den ersten Erlebnissen der Welterfahrung, den „Wildträumen“ der Knabenjahre, den Sehnsüchten und Wünschen der Jugend zu erfüllen. Immer wieder kehrt Bloch als Schriftsteller und Philosoph zu dieser Zeit zurück. Jugend ist für ihn der Ort des Neuen, des Noch-nicht-Bewußten. Dem Phänomen der Jugend widmet er ein Kapitel im *Prinzip Hoffnung*, seinem Hauptwerk von 1954.

In seinem Buch *Spuren* (1930) schreibt Bloch über die ersten

Regungen des Kleinkindes: „Spüre mich leicht atmen, hin und her, koche leise. Merkte auch, daß ich taste, schreie, hörte aber nichts ... Wird es heller, so kommt das Kriechen oder man kauerte herum. Vor den Ritzen im roten Sandstein und den rennenden Ameisen, sonst ist nichts da." Sobald das Kind wächst, werden die Ritzen kleiner, innerhalb kurzer Zeit kann es sie mit der Hand zudecken. Der Gesichtskreis erweitert sich: „Anderes steigt auf, Büsche, der Garten hinter dem Haus, sehr verwildert; man wagt sich überall hin." Gefahren entstehen, bedrohliche Wächter beherrschen die Welt. „Schloß man die Augen, so wird man nicht gesehen, von der kleinen schwarzen Pumpe." Ein Busch dahinter und ein junger Hund, den das Kind Meintwegen nennt, waren seine ersten Freunde. Die Gegenstände der neuentdeckten Welt erhielten Namen. Er betätigte sich sprachschöpferisch. Auch ein Holzbock für den Waschzuber hieß Meintwegen, das heißt, „er war das: ‚meint' war das lange, ‚wegen' das Querholz daran. Völlig klar; der Holzbock hieß nicht nur so, sondern sagte es selbst unaufhörlich".

Die Bedrohungen nahmen zu. Die leblosen Gegenstände der Umwelt erschienen dämonisiert. Später kam dazu die Angst vor dem Alleinsein, die Angst vorm bösen Weib. „Das böse Weib kam hundertfach vor, auch im Märchen, sie kochte Brei und raubte." Die Figuren der Hauffschen Märchenwelt belebten die Wirklichkeit. „Hinter dem obersten Fenster eines hohen Eckhauses wohnte der kleine Muck; stundenlang sahen wir zu den scheußlichen Ziegelsteinen empor ... So oft ich konnte, wartete ich vor der Tür, um den Ausgang Mucks zu sehen. Einmal fragten wir den Briefträger nach ihm, aber der sagte nichts und schüttelte den Kopf, das kannte man von Erwachsenen, wenn man sie nach unförmigen Dingen fragte, desto sicherer waren sie da. Bruder Lustig brät im Stadtwald ein Kalb, eins zwei, eins zwei geht der Soldat in der Rechenstunde. Fatme klang vertrauter als Anna." Auch das Spielzeug besaß Märchenglanz. „Die Klickern oder Murmeln, mit denen wir spielten . . . waren arabische Steine, grün oder rot geringelt, manche mit Sternen, ja mit abgekürzten Ländern darin." (G I, S. 61 ff.)

Diese Bilder aus der Kindheit gehören zum Besten, das in der deutschen Literatur über dieses Alter geschrieben worden ist. Die Schulzeit war qualvoll, da Bloch ein schlechter Schüler war. Der Zwölfjährige sammelte Briefmarken, stellte physikalische Experimente an und las Bücher, „in denen der Seewind pfiff". (G I, S. 66.) Der Fünfzehnjährige las sozialdemokratische Broschüren; ihm wurde klar, „daß die Gesellschaft, in der wir standen, Schwindel und die Welt eine Maschine war".

Obwohl Blochs Eltern durchaus assimiliert waren und keine der jüdischen Feiertage einhielten, feierten sie seine Bar Mizvah, die jüdische Konfirmation. Als er vor dem Altar die Formeln aufzusagen hatte, fügte er je dreimal hinein: „Ich bin Atheist!" – das „ei" als Diphthong sprechend, denn er hatte das Wort nur gelesen, nicht gehört. Seine erste philosophische Abhandlung entstand: „Das Weltall im Lichte des Atheismus". Diese erste Materialismus-Schrift, in ein Schulheft geschrieben, läßt Gedankengänge erkennen, die in dem späteren Buch über das Materialismusproblem von 1972 wieder aufgenommen werden.

Für den Sechzehnjährigen blieb das Gymnasium „gleich stupid". Er war durchgefallen „und in einer anderen Klasse, . . . aber die Kameraden waren besser, es war wirklich eine Gemeinschaft". (G I, S. 68.) Man ging an den Hafen, besuchte die Schifferkneipen und hörte den Rheinschiffern zu, die ihr Seemannsgarn spannen. „Einsame und ernste Spaziergänge kamen hinzu.“ Neue Lektüre erweckte neue Träume: „Manchmal glaubten wir an der Themse zu sein, wo die Polizeischiffe Marryats jagen, oder am Susquehanna.“ (G I, S. 68.) Schließlich übte der Jahrmarkt mit dem „brennenden Traumkitsch des 19. Jahrhunderts“, der in den Luftschloßanalysen im *Prinzip Hoffnung* wieder auftaucht, eine große Anziehungskraft aus. Da bot sich die Karl May-Welt: „Ehe noch der Morgen graut, müssen die Yumas umzingelt sein, Sam Hawkens, Old Wabble, Old Death, Old Surehand, Old Firehand durchstreiften die weite Prärie. Nscho-tschi leuchtete, Winnetou umarmte Old Shatterhand.“ (G I, S. 69.)

In der Mannheimer Schloßbibliothek fand Bloch in den Werken Hegels einen Gegenpol zu Karl May. Die Biographie und die Erläuterungen des Hegelschülers Karl Rosenkranz soll Bloch auswendig gekannt haben. Mit siebzehn Jahren schrieb er einen Aufsatz „Über die Kraft und ihr Wesen“, den die *Frankfurter Zeitung* 1902 veröffentlichen wollte. Der Druck aber unterblieb schließlich, weil bei Bekanntwerden des Autorennamens ein Disziplinarverfahren am Gymnasium zu befürchten war. Der jugendliche Verfasser erklärte im Brustton des Expressionismus: „Das Wesen der Kraft ist nicht zu errechnen, nur im eignen Fleisch zu erfahren. Blut und Individualität sind die beiden Essenzen des Lebens; ersteres schafft die Wirklichkeit, letztere prägt ihre Werte.“ Bloch prophezeite eine neue Renaissance: „Unsere Philosophie der Kraft löst nicht nur alle Stoffe und Elemente in Energie auf wie die Naturwissenschaft, deutet nicht nur das Ding an sich als energetischen *allgemeinen* Willen ... sondern das Wesen der Welt ist Drang und Kraft zur Gestaltung, zum aufgeschlagenen Geheimnis des Lebens an jeder Stelle; *das*

Ding an sich ist die objektive Phantasie." (G I, S. 70.) Kerngedanken dieses Aufsatzes kehren wieder im *Geist der Utopie* von 1918 und in dem Materialismusbuch von 1972.

Schon als Gymnasiast korrespondierte Bloch mit den führenden Philosophen seiner Zeit: mit Ernst Mach, dem Überwinder des mechanischen Materialismus, mit Theodor Lipps, Vertreter der Lebensphilosophie, mit Eduard von Hartmann, dem „Philosophen des Unbewußten", und mit dem Philosophiehistoriker und Neukantianer Wilhelm Windelband. Nach dem Abitur 1905 immatrikulierte sich Bloch an der Universität München und hörte Vorlesungen bei Theodor Lipps. 1907 wechselte er aus rein äußerlichen Gründen die Universität und ging nach Würzburg, „weil er sich sagte, von einem heutigen Philosophieprofessor könne er doch nichts lernen, also sei es gleich wo er studiere". (EBE, S. 346.) Sein Lehrer wurde dort Oswald Külpe. Im *Geist der Utopie* rechnete Bloch ihn zu den „besseren älteren Männern" im Bereich der subalternen deutschen Universitätsphilosophie und bezeichnete ihn als einen jener „langsam aussterbenden enzyklopädischen Köpfe". (G XV, S. 244.) Wenn enzyklopädische Bildung erlernbar ist, dann hat Bloch in Oswald Külpe ein Vorbild für seine späteren Arbeiten finden können, die durch enzyklopädische Weite der Gedanken beeindrucken. Als Nebenfächer belegte er Musik und Physik, die ihm zeit seines Lebens wichtige Impulse und Metaphern seines Denkens vermittelten; dies beweisen seine „Philosophie der Musik" im *Geist der Utopie* oder die Partien über Bach, Beethoven, Mozart und Mahler im *Prinzip Hoffnung* sowie der Entropie-Gedanke im *Geist der Utopie*, das Bild vom Kälte- und Wärmestrom-Marxismus im *Prinzip Hoffnung* und die Abschnitte über Bohr, Einstein, Heisenberg und Planck im Materialismusbuch.

Im Jahre 1908 promovierte Bloch bei Oswald Külpe mit einer Dissertation über Heinrich Rickert und das Problem der modernen Erkenntnistheorie. Zu Anfang schon „simmelnd", schrieb er in seiner Einleitung: „Als in den fünfziger Jahren des vorigen Jahrhunderts die Kultur Goethes und Hegels zerfiel, waren die nächsten Sorgen des jungen Geschlechts auf eine neue Einrichtung des äußeren Lebens gerichtet." Bloch untersuchte Rickerts Schwankungen zwischen der positivistischen und apriorischen Methode bei der natur- und geschichtswissenschaftlichen Begriffsbildung sowie bei der Begründung von Werturteilen. Das Schlußkapitel ist Husserl, Scheler und Hermann Cohen und dem Problem einer neuen Metaphysik gewidmet. Die letzten Sätze seiner Dissertation lassen die Aufgabe erkennen, die sich Bloch als Philosoph gestellt hat: „Es gibt noch keinen metaphysischen Begriff", der die Vorgänge erfaßte, die sich in der Auflösung der Vergangenheit und Gestaltung der Zukunft abspielen. „Aber es ist völlig evident, daß die neue Metaphysik in der Lösung jener Rätsel liegen muß, die als die eigentlichen Schicksale der Geschichte und Utopie erst unter einer absoluten Mitwissenheit in die Herrschaft und die neuen Befehle der Erkenntnis übertreten." Ernst Blochs Biographie ist die Geschichte von einem, der auszog, diesen Begriff zu finden. Das Schlüsselwort Utopie fiel bereits in der Dissertation von 1908.

Bloch lebte von nun an als freier Schriftsteller in Berlin, Garmisch und Heidelberg. Reisen führten ihn wiederholt nach Italien. Bei einem Besuch in Budapest machte er die Bekanntschaft von Georg Lukács. Diese Bekanntschaft wurde zur Freundschaft, als sie 1912 gemeinsam nach Italien reisten und später in Heidelberg zum Kreis um Max Weber gehörten. Sie überlebte auch die Kontroversen um den Expressionismus während der dreißiger Jahre. Dann kamen die Jahre des Exils. Erst 1955 trafen sich die beiden Freunde anläßlich der Schillerfeier, auf der Thomas Mann die Festrede hielt, in Weimar wieder. Lukács' *Geschichte und Klassenbewußtsein* (1923), von der Kommunistischen Partei auf den Index gesetzt, blieb für Bloch zeit seines Lebens ein klassisches Werk des Marxismus. Einer der letzten Briefe, den Lukács schrieb, war an Bloch gerichtet. Er wollte den Tübinger Philosophen für eine Unterschriftensammlung für die Marcuse-Schülerin Angela Davis gewinnen, die in San Francisco der Beihilfe zum Mord angeklagt war.

In Berlin war Bloch Mitglied des Privatkolloquiums von Georg Simmel, dem Kulturphilosophen und Soziologen, Verfasser der *Philosophie des Geldes* (1907). Simmel übte damals einen großen Einfluß auf die jüngere Denkergeneration aus, denn er war, wie Lukács sagte, „zweifellos die bedeutendste und interessanteste Übergangserscheinung in der ganzen modernen Philosophie". Er wirkte auf so verschiedene Geister wie Lukács und Bloch auf der einen und Albert Schweitzer und Martin Buber auf der anderen Seite. Es gab fast niemand, „der nicht für kürzere oder längere Zeit dem Zauber seines Denkens erlegen wäre". (Lukács.)

Das Verhältnis des Schülers Bloch zu seinem Lehrer entwickelte sich zur Freundschaft. Anläßlich Simmels fünfzigsten Geburtstags verbrachten sie drei gemeinsame Wochen in Italien, erfüllt mit endlosen Gesprächen über Philosophie, Kunst und Geschichte. Der Bruch mit Simmel kam 1914, als sich Simmel unter dem Eindruck der allgemeinen Kriegsbegeisterung als extremer Nationalist herausstellte.

In den ersten Berliner Jahren begegnete Bloch auch der Lyrikerin Margarete Susman, einer der bedeutendsten Figuren des deutschen Judentums im 20. Jahrhundert. Sie war ebenfalls eine Simmel-Schülerin und Kritikerin an der *Frankfurter Zeitung*. Nach Berlin folgten Aufenthalte in Garmisch und die Aufzeichnung der bereits 1907 in Würzburg entwickelten Gedanken zur Theorie des Noch-Nicht-Bewußten, Begegnung mit dem Expressionismus in München, die Reisen nach Italien (1908 mit Simmel, 1912 mit Lukács). Dann zog Bloch nach Heidelberg. Im dortigen Max Weber-Kreis galt Ernst Bloch als *enfant terrible*, während Lukács als Aristokrat angesehen wurde, der sich unablässig darum bemühte, die Geniestreiche seines Freundes zu erklären und zu entschuldigen. Marianne Weber berichtet in ihren Heidelberger Erinnerungen, daß „diese jungen Philosophen [Lukács und Bloch] ... eschatologische Hoffnungen auf einen neuen Gesandten des überweltlichen Gottes [bewegten], und sie ... in einer durch Brüderlichkeit gestifteten sozialistischen Gesellschaftsordnung die Vorbedingung des Heils [sahen]". Nach den Berichten des Soziologen Paul Honigsheim bestand Blochs Weltanschauung damals aus einer Kombination von katholischen, gnostischen, apokalyptischen und kollektivistisch ökonomischen Elementen. Auf Max Weber habe dieser irrationale Synkretismus äußerst irritierend gewirkt. Es sei nicht so sehr der Inhalt der Blochschen Philosophie gewesen, der ihn gestört habe, sondern vor allem die prophetische Manier, mit der Bloch seine Ausführungen vorgetragen habe. Nur ein *bon mot* hätte er gelten lassen: Blochs ironisch-spöttische Feststellung, daß jede Professorengattin um fünf Uhr im Salon die Teetasse für den Messias bereithalte. Dieser Ausspruch scheint diese Zeit trefflich zu charakterisieren, in der überall ziellose Erwartungen nach einem Umbruch laut wurden.

Garmisch und später Grünwald im Isartal wurden zur Klausur, wenn sich Bloch zur Arbeit zurückzog: 1912/13 zur Entwicklung einer Erkenntnistheorie mit utopischen Tendenzen als Objekt der Erkenntnis, 1914 – 17 zur Arbeit an seinem ersten großen Werk *Geist der Utopie*. In Garmisch heiratete er 1913 Else von Stritzky, eine Bildhauerin aus Riga. Sie war eine gläubige Protestantin und erschloß ihm, nach seinen eigenen Worten, den Sinn für das Religiöse, „das er als junger Mensch für eine schlechte Mischung aus Philosophie und Kunst hielt". (EBE, S. 370.) Karola Bloch, seine spätere Frau, schreibt, Ernst Bloch sei „vom Christentum viel mehr beeinflußt, als vom Judentum ... und *Geist der Utopie* ist von diesem Christentum durchdrungen."

Aus seiner Neigung zum Pazifismus und seiner Ablehnung des wilhelminischen Militarismus und Nationalismus machte Bloch kein Hehl. „Was draußen siegt, ist nicht unser Siegen", erklärte er 1914 zum Kriegsausbruch. (G XI, S. 20.) Bloch entlarvte schonungslos die Kriegsliteraten wie Hofmannsthal und Rilke, die von der Geburt des neuen Menschen sprachen, „mit Potsdam als Bezugsquelle". (G XI, S. 23.) „Aber der Held kämpft langsam im Lehm, der abgesessene Reitersoldat in den Unterständen, der Säbel verschwand, sogar die Regimentsfahne verschwand, und nur die deutschen Dichter waren poetisch genug, vom Schwert zu reden, obzwar auch dieses nur noch aus Giftbomben bestand." (G XI, S. 24.)

Diese Haltung führte zum Bruch mit Georg Simmel, an den er 1914 schrieb: „Ein ganzes Leben wichen Sie der Wahrheit aus, als ob Sie sie sähen, und jetzt finden Sie das Absolute im Schützengraben. Nein, das nicht!" (EBE, S. 350.)

Aus Protest gegen Hindenburgs und Ludendorffs Krieg nahm Bloch einen Auftrag des *Archivs für Sozialwissenschaft* in Heidelberg an und reiste 1917 nach Bern, um eine Untersuchung über „Politische Programme und Utopien in der Schweiz" durchzuführen; sie erschien 1918 in diesem *Archiv*.

In Bern gehörte Bloch zu dem Kreis um den Dadaisten und religiösen Anarchisten Hugo Ball. Auch Hermann Hesse stand diesem Kreise nahe. Blochs Einfluß auf Hugo Ball läßt sich deutlich aus dessen Schrift *Zur Kritik der deutschen Intelligenz* (1919) ersehen. Der Sündenfall der deutschen Intelligenz ergab sich für Hugo Ball aus der Verbindung von Luthers Protestantismus und preußischem Militarismus. Auch Bloch wandte sich gegen die Allianz von Preußentum und Luthergeist. Er spielte den chiliastischen Wiedertäufer Thomas Münzer gegen Luther als Ideologen des Obrigkeitsstaates aus. Es wurde ihm Aufgabe und Problem, „*aus der militärischen Niederlage die Auferstehung des preußisch vernichteten, alten kulturvollen Deutschland zu betreiben*". (G XI, S. 38.) 1919 kehrte Bloch nach Deutschland zurück. Dort hatte inzwischen die Novemberrevolution stattgefunden, und in München war sein Buch *Geist der Utopie* erschienen. Zwischen 1914 und 1917 entworfen und niedergeschrieben, war dieses Buch zur gleichen Zeit entstanden wie Oswald Spenglers *Untergang des Abendlandes*, Rosa Luxemburgs *Spartakusbriefe* und Georg Lukács' *Theorie des Romans*.

Incipit Vita Nova: Geist der Utopie

Am Ende des Ersten Weltkrieges und in Erwartung unumgänglicher politischer Veränderungen brach in Ernst Bloch die Hoffnung auf ein neues Leben durch: „Es ist genug Nun haben wir zu beginnen. In unsere Hände ist das Leben gegeben. Für sich selber ist es längst schon leer geworden. Es taumelt sinnlos hin und her, aber wir stehen fest, und so wollen wir ihm seine Faust und sein Ziel werden. Was jetzt war, wird wahrscheinlich bald vergessen sein. Nur eine leere, grausige Erinnerung bleibt in der Luft stehen. Wer wurde verteidigt? Die Faulen, die Elenden, die Wucherer wurden verteidigt. Was jung war, mußte fallen, aber die Erbärmlichen sind gerettet und sitzen in der warmen Stube. Von ihnen ist keiner verloren gegangen, aber die andere Fahnen geschwungen haben, sind tot." Bloch beklagte das Versagen der Intellektuellen „vor dem Kalbfell" und versuchte, einen Grund dafür zu geben: „Das macht, wir haben keinen sozialistischen Gedanken." Die neue Generation bringe keine gebrauchsfertige und gemeindebildende Heilsbotschaft mit sich: „Wir haben Sehnsucht und kurzes Wissen, aber wenig Tat und was deren Fehlen mit erklärt, keine Weite, keine Aussicht, keine Enden, keine innere Schwelle geahnt überschritten." Dann fällt das Schlüsselwort, das Ernst Bloch zum Lebensbegriff und -inhalt wurde: „Wir haben . . . keinen utopisch prinzipiellen Begriff." Mit dieser Feststellung verwandelt sich das Vorwort zum *Geist der Utopie*, Blochs erstem Buch, zum leidenschaftlichen Aufruf an die neue

Generation: „Diesen [utopisch prinzipiellen Begriff] zu finden, das Rechte zu finden, um dessentwillen es sich ziemt, zu leben, organisiert zu sein, Zeit zu haben, dazu gehen wir, hauen wir die phantastisch konstitutiven Wege, rufen was nicht ist, bauen ins Blaue hinein, bauen uns ins Blaue hinein und suchen dort das Wahre, Wirkliche, wo das Tatsächliche verschwindet – incipit vita nova." (G XVI, S. 9.)
Der *Geist der Utopie* blieb Blochs bedeutendstes Werk bis zum Erscheinen des *Prinzips Hoffnung* (1954 ff.) mehr als dreißig Jahre später. Es begründete seinen Ruf. Theodor W. Adorno berichtet, wie er sich 1921 auf die Lektüre stürzte: „Der dunkelbraune, auf dickem Papier gedruckte, über vierhundert Seiten lange Band versprach etwas von dem, was man von mittelalterlichen Büchern sich erhofft ... Der *Geist der Utopie* sah aus, als wäre er von des Nostradamus eigener Hand geschrieben." (EBE, S. 9 f.) Friedrich Burschell schrieb 1918 in der *Neuen Rundschau*: „Wir wissen wieder, was ein Philosoph ist." Im *Jungen Deutschland*, der Monatsschrift für Literatur des Expressionismus, nannte der Lyriker Ernst Blass den Verfasser einen „Leuchtturm, nicht mehr erhofft in unserem Dunkel". Die endlose Nacht ohne Stern und Hoffnung bekomme endlich wieder einen Sinn: „Unser Treiben erhält Richtung und Bewußtsein; wir fangen an, uns wieder zu verstehen." Hermann Bahr verglich Bloch mit Burdach und Cassirer und feierte ihn als geborenen Musiker. Margarete Susman sah in dem Buch eine neue deutsche Metaphysik. Zum ersten Male habe die Metaphysik wieder die ihr von Kant zuerkannte Stelle als Königin der Wissenschaften eingenommen. Vierzig Jahre später fielen die Urteile wesentlich nüchterner aus: „Eine merkwürdige, kaum noch leserliche Mischung von christlicher Mystik, ostjüdischem Chassidismus und gnostischer Kabbala, vorgetragen im expressio-

nistischen Stile." (UEB, S. 43 f.) Mit dieser Kritik stellte sich der Theologe Jürgen Moltmann gegen den *Geist der Utopie,* der die Linie des jüdischen aktivistischen Messianismus eines Moses Hess, Ernst Toller und Leo Trotzki aufweist.

Der *Geist der Utopie* ist als Prolegomena zu einem „System des theoretischen Messianismus" entworfen, das dem praktischen Messianismus den Weg bereiten soll. Ausgangspunkt ist das Dunkel der Gegenwart. Betroffen von der zunehmenden Finsternis, suchte Bloch die beiden Ansatzpunkte der Hoffnung herauszuarbeiten: „Wir sind das Einzige, das in allem ... Dunkel nicht ausgelöscht werden kann." Und: „Der Heiland lebt und [will] wieder kommen." Gott verlange nach dem Menschen, aber er habe die Kraft verloren, aus eigener Kraft zu kommen und zu wirken. Die einzige Rettung sieht Bloch in der revolutionären Verbindung zwischen dem moralischen Ich und dem „schweigenden, uns verlassenden, vor seiner Verwandlung zum heiligen Geist zögernden Gott" in der Form eines „heroisch-mystischen Atheismus", der „ungeheurer Frömmigkeit" und „heißester Gottesliebe" entwachsen ist. (G XVI, S. 228 ff., S. 341.) Nach Bloch deutet sich diese Verbindung in der bildenden Kunst an; sie ist zentrales Thema und Wesen der Musik, wird gedanklich vorbereitet in der Philosophie und kommt in Ethik und Metaphysik praktisch zur Entscheidung. Die „Philosophie der Musik" bildet den Mittelpunkt und nimmt ein Drittel des Buches ein, denn die Musik ist für Bloch „innerlich utopische Kunst" über alles Empirische hinaus. (G XVI, S. 231.) Sie beantworte die Frage nach der Heimat, dem Inbegriff menschlicher Sehnsucht und Vollkommenheit.

In der Anlage ist das Buch mit Georg Lukács' *Theorie des Romans* von 1916 zu vergleichen, nur hat es eine breitere

Basis – die gesamte Kultur des 19. und 20. Jahrhunderts. Es ist zugleich ein politisches Buch, es ist weitaus ambitiöser und weitreichender. Vor allem wird der Schritt von Hegel zu Marx getan, der bei Lukács noch fehlt. Das letzte Kapitel lautet: „Karl Marx, der Tod und die Apokalypse."

Dem spirituellen Zionismus im Sinne Martin Bubers und der jüdischen Hinwendung zur Jesus-Figur ist ein besonderes Kapitel gewidmet. Dort heißt es: „Jesus kehrt endlich zu seinem Volk zurück." (G XVI, S. 325.) Und: „Jesus ist seit alters latent im jüdischen Volk." Er erfülle die Funktion des „noch nicht realisierten Messias". (G XVI, S. 328.) Für den nationalen Zionismus brachte Bloch schon damals kein Verständnis auf, als er erklärte, daß dieser Zionismus das Auserwähltsein leugnete und „aus Judäa eine Art von asiatischem Balkanstaat machen möchte". (G XVI, S. 320.)

Worum es Bloch im *Geist der Utopie* geht, ist die Gottwerdung des Menschen und die Menschwerdung Gottes, das heißt, in der Hegelschen Terminologie, Identität von Subjekt und Objekt. Wie Hellmuth G. Bütow es in seinem Buch *Philosophie und Gesellschaft im Denken Ernst Blochs* formuliert hat, bedeutet das: „Erlösung Gottes durch Verwandlung des Menschen in den ‚Großen Menschen' [G XVI, S. 227], mit Hilfe Gottes und Verwandlung Gottes in den Heiligen Geist – als Möglichkeit Gottes, endlich in seinen Himmel zu kommen – mit Hilfe des Menschen." (S. 79.) Philosophie und Theologie vereinigen sich hier, wie Jürgen Moltmann es genannt hat, „im Zeichen des sogenannten Stürmerspruchs Matth. 11, 12: ‚... von den Tagen Johannes des Täufers bis hierher leidet das Himmelreich Gewalt, und die Gewalt tun, die reißen es an sich' ". (UEB, S. 44.)

Bei Bloch liegt dieses Reich geographisch und geistesgeschichtlich im Osten. Sein Buch ist ein spiritueller „Alexanderzug", zu dem er aufrufen will: „Denn stets ging der geistige Weg wieder östlich." (G XVI, S. 307.) Es ist die alte Sehnsucht des *Ex oriente lux*, verbunden mit einem neuen Zukunftsgefühl: „Vor uns in der Zeit liegt ein großer Schatz verborgen und zu diesem haben wir die Schlüssel." (G XVI, S. 304.) Der Anbruch der neuen Zeit wird durch die russische Oktoberrevolution signalisiert. Mit einem Kulturpatriotismus, der an Heinrich Heines Prophezeiungen in *Religion und Philosophie in Deutschland* erinnert, wird der Einfluß des deutschen Juden Karl Marx auf den russischen Osten gefeiert: „In der russischen Revolution [wird] zum ersten Mal Christus als Kaiser" eingesetzt. (G XVI, S. 298.) Judentum, Deutschtum und Rußland als dritter Bereich „des Wartens, des Gottgebärertums und Messianismus" werden vereint – um „die absolute Zeit zu bereiten". (G XVI, S. 332.) Voraussetzung für die Ankunft dieser endzeitlichen Epoche ist eine neue Ethik: „Gut sein, endlich einander zu lieben suchen, helfen, Licht machen mit dem herrlichen, rätselhaften menschlichen Verstand." (G XVI, S. 335.) Wie Bloch erklärt: „Nur der gute Mensch kann in dieser Nacht der Vernichtung den Morgen herbeiziehen, wenn anders die unrein Gebliebenen ihn nicht herabreißen und wenn anders sein Rufen nach dem Messias stark genug ist, um die errettenden Hände zu erregen, um in Gott die uns und ihn selber herüberziehenden Kräfte, die atembringenden, gnadenreichen Kräfte des Sabbathreiches zu erwecken." (G XVI, S. 439.) Freundschafts- und Liebesmystik werden verkündet: „Die vollkommen sehenwollende Liebe [ruft] den Messias herbei." (G XVI, S. 359.)

Der Marxismus ist für Bloch ein Noch-nicht-zu-Ende-Gekommenes. Im Vergleich zu Kants Lebenswerk stelle der

Marxismus eine *Kritik der reinen Vernunft* dar, „zu der noch keine Kritik der praktischen Vernunft geschrieben worden ist". (G XVI, S. 407 f.) Das ökonomische Problem sei vom Marxismus als vordringlichste Aufgabe zu lösen gewesen. Aber damit sei die Funktion des Marxismus nicht erschöpft. Es gelte jetzt, das metaphysische Problem in Angriff zu nehmen. Denn, so sagt Bloch unter Berufung auf einen Ausspruch von Israel Baal Schem, dem Stifter des Chassidismus, der Messias könne erst dann kommen, „wenn sich alle Gäste an den Tisch gesetzt haben; dieser aber ist zunächst der Tisch der Arbeit und dann erst der Tisch des Herrn". (G XVI, S. 411.)

Diese Aussage initiiert das Grundthema des *Prinzips Hoffnung*. Dem Menschen wird eine Aufgabe in der Zeit zugewiesen: „Es bleibt uns hier, die wir leiden und dunkel sind, weit hinaus zu hoffen." Das biblische Versprechen – „Die Hoffnung läßt uns nicht zuschanden werden" – gilt besonders für den chiliastischen Marxisten. Aus dieser Hoffnung erwachse ein neues Selbstvertrauen: „Nur die Bösen bestehen durch ihren Gott." Anders ist es im Fall der Gerechten. Nach einer chassidischen Legende besteht Gott durch die Gerechten in der Welt: „In ihre Hände ist die Heiligung des Namens, ist Gottes Ernennung selber gegeben, der in uns rührt und treibt, geahntes Tor, dunkelste Frage, überschwengliches Innen, der kein Faktum ist, sondern ein Problem, in die Hände unserer gottbeschwörenden Philosophie und Wahrheit als Gebet." (G XVI, S. 445.) Nur spricht so kein Chassid, sondern ein deutscher Romantiker oder Expressionist.

Mit diesem Buch samt seinen chassidischen Schlußsätzen wurde Ernst Bloch zum „Philosoph des Expressionismus" (Th. W. Adorno). Rhapsodisch artikulierte er das Selbstverständnis des Expressionismus und gab seiner Malerei, Musik und Dichtung spekulativ philosophische Basis, Richtung und Ziel: „Darum herrscht in allem, was wir gestalten ... Barock, Musik, Expression ... ein Sturm, der aus dem Maßlosen der Menschennatur stammt und zu dem Maßlosen auf Erden, zu der Stichflamme des Worts ... zu dem Zerreißen der Vorhänge, zu dem Rauch und Donner der gesprungenen Türen und dem Feuer, in dem sich das Wir und das Unsterbliche Gottes zur Höhe trägt, zu dem über alle Maße und Begriffe hinaus Unbegreiflichen, zu den Füßen des Messias und dem ruhend absoluten Pleroma der Liebeslust hindrängt." (G XVI, S. 387.) In einer Nachbemerkung von 1963 charakterisierte Ernst Bloch sein Manifest des utopischen Expressionismus von 1918 als „Sturm- und Drang-Buch, contra Krieg in Nächten hineingewühlt und durchgesetzt". Es bilde den Anfang seines utopischen Philosophierens. Insgesamt wirke der Grundsatz: „Die Welt ist nicht wahr, aber sie will durch den Menschen und die Wahrheit zur Heimkehr gelangen." Das Spezifische im *Geist der Utopie* bestehe aus einer Art revolutionär-gnostischen Vertrauens zum Bösen wie zum Heilenden. Heutzutage ist das Buch mit seinem phantastisch enthusiastischen Stil nur noch als Zeitdokument zu verstehen.

„Revolution ist die Fortsetzung der Utopie mit anderen Mitteln", wie Robert Heiss in seinem Buch *Utopie und Revolution* (1973) in Anlehnung an Clausewitz gesagt hat. Auf den *Geist der Utopie* folgte bei Ernst Bloch die „Theologie der Revolution" in Form einer Biographie über den revolutionären Anführer der Bauernkriege, Thomas Münzer (1490–1525). Bloch selbst hat das Buch, das 1921 erschien, als „*Coda*" zum *Geist der Utopie* von 1918 bezeichnet und zugleich die Verbindung zur weiteren Entwicklung seines

Denkens hergestellt. Die „revolutionäre Romantik" der Münzer-Monographie finde „Maß und Bestimmung in dem Buch *Das Prinzip Hoffnung*". (G II, S. 230.)

Im Nachwort zu Blochs *Politischen Aufsätzen* von 1934–1939 hat Oskar Negt erklärt: „Kein Philosoph der Gegenwart kann von sich mit größerem Recht in Anspruch nehmen, Philosoph der Revolution genannt zu werden, als Bloch." Vielleicht paßt auf Bloch noch besser die Bezeichnung „Theologe der Revolution", denn es geht ihm um die religiösen Wurzeln und Triebe des Revolutionären. Thomas Münzers Biographie ist ihm nur äußerer Anlaß, um auf die „revolutionär-religiöse Erberinnerung" in Deutschland im Sinne von Andenken und Aufgabe hinzuweisen. Das Buch ist von dem apokalytischen Bewußtsein beherrscht, daß „niemals ... *über uns* die Welt so dunkel [wäre], stünde nicht ... zentrales Licht unmittelbarst bevor". (G II, S. 228.) Dieses Licht gehört zu den wichtigsten Metaphern des Blochschen Denkens. Im *Geist der Utopie* ist es der „Stern des utopischen Schicksals", später im *Prinzip Hoffnung* der „Sinn für Morgenrot". Thomas Münzer samt allen Chiliasten von Joachim di Fiore bis zu Tolstoi erscheint als „Rufer auf dieser stürmischen Pilgerfahrt", deren Richtung und Ziel den Marxismus mit der Utopie verbinden. (G II, S. 229.) Nach Bloch vertritt Münzer im Gegensatz zur lutherischen Rechten die politische Linke der Reformation. Er ist der „Rebell in Christo", der für die „Freiheit der Kinder Gottes" kämpfte (G II, S. 15.), während Luther die „Freiheit eines Christenmenschen" an die Fürsten verraten und damit die Grundlage zum deutschen Obrigkeitsdenken gelegt habe.

Nach der Heirat mit Else von Stritzky war Bloch zunächst vermögend, bis sie im Baltikum all ihren Besitz durch Krieg und russische Revolution verlor. So waren sie beide auf journalistische Arbeit und Vorschüsse der Verleger angewiesen. Im Januar 1921 starb Else, die Blochs frühe Werke so nachhaltig beeinflußt hatte. Anderthalb Jahre später heiratete er Linda Oppenheimer, eine Kunstmalerin aus Frankfurt. Nach weiteren Reisen nach Italien, Frankreich und Tunesien wählte Bloch Berlin als ständigen Wohnsitz, da es ihm als „einzigartiger up-to-date-Ort" der zwanziger Jahre erschien. Dort begegnete er Theodor W. Adorno und Walter Benjamin und schloß mit Brecht, Kurt Weill und Otto Klemperer Freundschaft. Zusammen mit Benjamin stellte er sich unter ärztlicher Aufsicht Haschischexperimenten zur Verfügung. Er gehörte der oppositionellen Gruppe des Schutzverbandes Deutscher Schriftsteller an und stand der KPD nahe, war aber nie deren Mitglied, so hartnäckig sich auch diese Legende hält (Karola Bloch).

1930 erschien sein Buch *Spuren*, das mit seinen Geschichten, Märchen und Parabeln „Ernst Blochs Poetische Sendung" bekundet (Hans Mayer). Anschließend arbeitete er an einer ideologiekritischen Darstellung der zwanziger Jahre unter dem Titel *Erbschaft dieser Zeit*, mit der er die dreißiger Jahre antizipierte. Der Reichstagsbrand verwandelte die Voraussage über Nacht zur vollendeten Tatsache.

Politik des Exils

Nach der nationalsozialistischen Machtergreifung wurden Ernst Blochs Schriften auf die Listen der öffentlichen Bücherverbrennungen gesetzt und ihrem Verfasser die deutsche Staatsbürgerschaft aberkannt. Bloch befand sich in guter Gesellschaft: Bertolt Brecht, Alfred Döblin, Heinrich Mann und Lion Feuchtwanger gehörten dazu, um nur die Bekanntesten zu nennen. Aber Bloch übertraf sie in einem Punkt. Er hatte Hitlers *Mein Kampf*, die Bibel des neuen Staates, einer vernichtenden Stilkritik unterzogen. In den Augen der Machthaber durfte ein solcher „Frevler" nicht ungestraft bleiben oder gar – emigrieren. So setzten sie seinen Namen auf die nationalsozialistischen Fahndungslisten.

Bereits in den zwanziger Jahren hatte sich Ernst Bloch als politischer Schriftsteller mit Spürsinn und Weitsicht erwiesen. Im Jahre 1924, als Hitler noch nicht ernst genommen wurde, veröffentlichte Bloch in Stefan Grossmanns *Tagebuch* eine Prognose, die sich bis in alle Einzelheiten erfüllte: „Erst ging man kalt daran vorüber. Zuckte die Achseln über das hämische Pack, das vorkroch. Über die roten Plakate mit den faselnden Sätzen, aber dem Schlagring dahinter. Was frühmorgens grob ans Bett trat, den Paß zu fordern, schlug sich hier als Partei an. Juden ist der Zutritt zum Saal verboten." (G IV, S. 160.) Zehn Jahre später verweigerte man nicht nur den Zutritt, sondern im ganzen Reich hieß es: „Juden raus!" Sarkastisch kommentierte Bloch die nationalsozialistische Rassenideologie und zeigte, wie zweischneidig das

Messer ist, „von dem Judenblut spritzt". Er führte die Logik der „Völkischen" ad absurdum, indem er ihnen bewies, daß sie nicht nur die Juden, sondern den größten Teil Deutschlands hinauswerfen müßten, „um in ihrem ‚Deutschland' zu sein". England, Skandinavien, selbst Nordfrankreich seien germanischer, „vor allem nordgermanischer als das große Mischvolk Deutschland". Bloch nannte die niederträchtige Stupidität beim Namen, „daß so zahlloses Mischvolk in Deutschland sich als hundertprozentig setzt, um Israel, eine seit Jahrhunderten geprägte Rasse, als Paria zu verleumden". (G IV, S. 50.) Damit wurde Bloch aber nicht zum Vertreter einer eigenen Rassentheorie, auch keiner jüdischen. Bloch gehörte zum assimilierten deutschen Judentum, für das es keine deutsche *Kultur* ohne die Bibel gab: „Ihr haben sich die besten Deutschen nicht weniger ‚assimiliert' als die besten Juden sich wiederum der deutschen Kultur." (G IV, S. 52.) Deshalb konnte Bloch noch 1964 im Gespräch sagen, daß die Deutschen überhaupt seit Luthers Bibelübersetzung Kolonialjuden seien. (EBE, S. 360.) Rasse verstand er nur in einem einzigen Sinn, „als Auftrieb zur Menschenähnlichkeit ... um sie nicht mit Tierzucht verwechseln zu lassen". (G IV, S. 52.)

Die Sammlung dieser politischen Aufsätze vor 1933 erschien unter dem Titel *Erbschaft dieser Zeit* 1935 in Zürich, wohin Bloch zunächst ins Exil gegangen war. Das Buch ist Karola Piotrkowska gewidmet, die Bloch nach der Übersiedlung nach Wien im Jahre 1934 heiratete. Michael Landmann hat sie als „eine von Natur gütige und heitere anima candidissima" charakterisiert. Sie ist Diplom-Architektin und „stammt aus Lodz, rebellisch gegen bürgerliches Milieu und gegen Unterdrückung von Jugend an", und, wie Landmann sagt, „auch diese Gesinnung hat die beiden zu stets glücklicher Ehe zusammengeführt". (EBE, S. 354.)

Erbschaft dieser Zeit ist die Analyse des Verfalls des Bürgertums und des unaufhaltsamen Aufstiegs des Faschismus zwischen 1924 und 1933. Das Buch liefert eine der ersten Faschismustheorien. Bloch hat es ein „Handgemenge" genannt, „und zwar mitten unter Anfälligen, ja mitten im Feind". Film, Theater, Dichtung, bildende Kunst, Trivialliteratur, Kleinbürger- und Proletenamusement, Philosophie, Psychologie und Politik werden von den Höhen bis zu den Niederungen und Niederträchtigkeiten durchgemustert und entlarvt. „Der Hintergrund ist konkret-utopisch", die Methode dialektisch. Aber „der Akzent liegt nicht nur auf der Entlarvung", sondern vor allem auf der Aneignung des Verwertbaren. (G IV, S. 18.) Es geht darum, die vom marxistischen Standpunkt brauchbaren Elemente aus der Konkursmasse des Bürgertums und der Konterbande des Faschismus zu reklamieren. Bloch spricht von der „‚Rettung' solcher Gehalte, vielmehr ihrer Ausraubung für einen anderen Zweck". (G IV, S. 20.) Oder wie er es in Form des frivol formulierten, aber ernst gemeinten Aphorismus so unnachahmlich gesagt hat: „Gewiß muß die Tante erst tot sein, die man beerben will; doch vorher schon kann man sich sehr genau im Zimmer umsehen." (G IV, S. 19.) Die Tante ist der Kapitalismus, der erbsüchtige Neffe der Marxismus.

In dem gleichen Maße, wie Ernst Bloch der Philosoph der Zukunft ist, so muß er auch als Philosoph des Erbes der Vergangenheit gelten. Vom *Geist der Utopie* bis zum *Prinzip Hoffnung* geht es um die Reaktivierung der progressiven Tendenzen der Vergangenheit zur Verwirklichung der Zukunft. Als Marxist findet sich Bloch in diesem Prozeß durch Lenin bestätigt, der den Marxismus darauf verwies, sich die

„wertvollsten Errungenschaften des bürgerlichen Zeitalters" anzueignen und zu verarbeiten. Aber im Gegensatz zu Lukács, der sich auf das „klassische Erbe", das heißt das Wertvolle im qualitativen Sinne, konzentrierte, richtete Bloch sein Augenmerk auf das „Erbe der Zukunft", das Wertvolle im dialektischen Sinne, das heißt die Elemente, die revolutionäre Sprengkraft enthalten. Der Kernsatz bei Bloch lautet: „Aufnahme zukunftshaltiger Elemente der Vergangenheit ins Erbe der Zukunft." (*Neue Weltbühne*, Nov. 1936.)

Das Zentralkapitel der *Erbschaft dieser Zeit* handelt von der Anfälligkeit des Kleinbürgertums für den Faschismus. Grund dafür sei die Ungleichzeitigkeit des Bewußtseins, die dadurch zum Ausdruck komme, „daß dem proletarisierten Sein der Bauern und Kleinbürger das proletarische Bewußtsein keineswegs auf dem Fuß folgt". Es bilde sich vielmehr eine angestaute blinde Wut heraus, die vom Faschismus für seine eigenen Zwecke und Ziele ausgenützt werde. (*Neue Weltbühne*, Nov. 1936.) Es gelte, ein gleichzeitiges Bewußtsein dialektisch herauszubilden, das zur „freien revolutionären Tat des Proletariats" führe. (G IV, S. 122.)

Letztlich aber wollte Bloch mit diesem Buch dem Faschismus den Alleinanspruch auf das Irrationale streitig machen. In *Erbschaft dieser Zeit* „werde die ‚Irratio' nicht in Bausch und Bogen verlacht, sondern besetzt", heißt es. „Und zwar von einem Standpunkt, der sich auf ‚Irratio' etwas echter versteht als die Nazis und ihre Großkapitalisten." (G IV, S. 16 f.)

Im Juni 1935 nahm Ernst Bloch am Internationalen Schriftstellerkongreß zur Verteidigung der Kultur in Paris teil, auf dem die Vertreter der deutschen Exilliteratur begeistert von den übrigen Delegierten begrüßt wurden. In der Folgezeit arbeitete Bloch mit den antifaschistischen Organisationen und

Zeitschriften zusammen, wie zum Beispiel mit dem Schutzverband Deutscher Schriftsteller (SDS) und dem Bund Proletarisch-Revolutionärer Schriftsteller (BPRS), die 1933 in Paris neu gegründet worden waren, mit der Deutschen Freiheitsbibliothek, die in Paris eingerichtet wurde, und mit den Exilzeitschriften *Die Sammlung* (Amsterdam), herausgegeben von Klaus Mann, *Neue Deutsche Blätter* (Prag), *Internationale Literatur* (Moskau) und *Das Wort* (Moskau), herausgegeben von Bertolt Brecht, Willi Bredel und Lion Feuchtwanger.

Die Jahre 1936–1938 verbrachte Bloch mit seiner Familie – 1937 wurde sein Sohn Jan Robert geboren – in Prag, damals neben Paris der wichtigste Sammelpunkt der deutschen Exilliteratur und Exilpolitik. Bloch war in dieser Zeit regelmäßiger Mitarbeiter der *Neuen Weltbühne* in Prag.

Man kann Blochs damaligen politischen Journalismus mit den Rundfunkreden Thomas Manns an seine deutschen Hörer aus den Jahren 1940–1945 vergleichen. Blochs Sarkasmus mag schneidender gewesen sein, der schimpfende Ton drastischer, die Zitatparodie vernichtender, aber die moralische Substanz und Intensität waren gleich. Bloch verhöhnte Hitlers Frömmigkeit und Rassenideologie, die Nazi-Filmkunst, den neuen SS-Adel („Hofhunde in Livree"), die Architektur der Autobahn, die „deutsche Physik", die Moral der gleichgeschalteten Presse, das Konkordat und die sogenannten Deutschen Christen. Er nahm Adolf Leschnitzers Theorie des modernen Antisemitismus vorweg, als er die Prozesse auf Grund der Nürnberger Gesetze von 1935 mit den mittelalterlichen Hexenprozessen verglich: „Die Ritter und Heiligen des Mittelalters hat Deutschland nicht mehr, geblieben aus der mondbeglänzten Zaubernacht ist nur noch der Pogrom." (*Neue Weltbühne*, Okt. 1935.)

Bloch nahm kein Blatt vor den Mund, als er an die deutschen Universitäten appellierte: „Kündigt die Kumpanei mit Carl Schmitt, dem Kronjurist von Mördern, Bertram, dem Georgiasten Görings, Heidegger, dem Eingeweide Hitlers.“ (*Neue Weltbühne*, Okt. 1936.) Den Brecht-Choral vom Kalb, das seinen Metzger selber wählt, stimmte Bloch bereits vorher an, und die Regierung in Berlin verglich er lange vor Brechts *Arturo Ui* (1941) mit den Chicagoer Gangstern. (*Das Wort*, Sept. 1937.)

Andererseits feierte Bloch die Erfolge des Exils als „Siege des Lichts“, wie zum Beispiel die Verleihung des Nobelpreises an Ossietzky – ein „Blitz durchs Gewölk“ – oder Thomas Manns Ausbürgerung und Bekenntnis zum Exil. „In unserem Lager brennt alles Licht ... Die Ausbürgerung [ist] Ehrenzeichen geworden.“ (*Neue Weltbühne*, Dez. 1936.)

Bloch war sich aber auch der Ohnmacht der Sprache gegenüber dem Verbrechen bewußt: „Unser Kampf krankt am Unvermögen, das Naziverbrechen zu kennzeichnen, ihm sprachlich nahe- und nachzukommen.“ (*Das Wort*, Sept. 1938.) Er erkannte die Gefahren des antifaschistischen Klischees und studierte fasziniert die Propagandamethoden der Nationalsozialisten, wie sie zum Beispiel das Vokabular und die Symbole eines Dritten Evangeliums, die Motive des Retters und Befreiers, des Dritten und des Tausendjährigen Reiches für ihre Zwecke in Anspruch nahmen. (*Das Wort*, Dez. 1937.)

Ein besonderes Thema seines politischen Journalismus bildete die Verteidigung der antifaschistischen Volksfront der Kommunisten, Sozialdemokraten und bürgerlichen Linken. In diesem Zusammenhang wird vielleicht auch Blochs vehemente Verteidigung der Moskauer Prozesse von 1936 – 38 verständlich. Er betrachtete die Nachrichten, die in der bürgerlichen

Presse erschienen, als faschistische Propaganda zum Zwecke der Schwächung der Volksfrontbewegung. Bloch befürchtete eine Wiederholung des Verlaufs der Französischen Revolution, bei dem die deutschen Intellektuellen wie Klopstock und Schiller den jakobinischen Terror zum Vorwand nahmen, um sich von den Ideen der Revolution zu distanzieren. Wie Oskar Negt im Nachwort zu den *Politischen Aufsätzen 1934 – 1939* gesagt hat, bedeuteten die Moskauer Prozesse für Bloch eine Art Bewährungsprobe der revolutionären Intelligenz. Die Alternative, wie er sie geschichtlich gegeben sah, war: Hitler oder Stalin. Jede andere Lösung betrachtete er als falsche Ausrede.

Im Jahre der sogenannten Tschechischen Krise emigrierte Bloch mit seiner Familie in die USA. Das Visum erhielten sie mit Hilfe eines Affidavits 1938 in Prag. Der Cassirer-Verlag stellte die Kaution in Höhe von 5000 Dollar. Zu dem Amerika eines Woodrow Wilson hatte Ernst Bloch Vertrauen; in ihm sah er die Ideale der bürgerlichen Freiheitsbewegung und Humanität verkörpert (*Neue Weltbühne*, Juni 1937). Auf dem Amerikanischen Schriftstellerkongreß 1939 in New York bekannte er sich zur „vollkommenen Demokratie", zum „ältesten und glänzendsten Grenzbegriff der Menschheit". (G XI, S. 263.) In einem Vortrag vor dem Schutzverband Deutscher Schriftsteller (SDS), der 1939 in New York Zuflucht gefunden hatte, wandte er sich sowohl gegen den Selbsthaß als auch den intellektuellen Hochmut der deutschen Exilanten und rief zur aktiven Beteiligung am amerikanischen Leben auf, „als wäre es auch ein Stück Deutschland". (*Internationale Literatur*, Juni 1939.)

Blochs politische Publizistik der vierziger Jahre bestand hauptsächlich aus Aufsätzen in der Zeitschrift *Freies Deutschland*, die 1941 in Mexico City als Organ der deutschsprachigen Antifaschisten in Amerika gegründet worden war. Brecht, Feuchtwanger, Alfred Kantorowicz, Egon Erwin Kisch, Heinrich Mann und Anna Seghers veröffentlichten in dieser Zeitschrift. Bloch verband jetzt seine Verteidigung der Moskauer Prozesse und des Hitler-Stalin-Pakts mit Angriffen auf die „Verräter“ und Renegaten der Volksfrontbewegung (Januar 1942). Gegen die Theorien faschistischer Vorläufer des Dritten Reiches, wie zum Beispiel Wagner, Nietzsche, Hegel, wandte er sich mit dem schlagkräftigen Argument: „Der Nazi kocht im eigenen Saft“ (April 1942). Im Oktober 1942 sprach er sich gegen den Begriff der Kollektivschuld des deutschen Volkes aus, im Dezember 1943 gegen den Vansittartismus. Lediglich den Begriff individueller Scham ließ er gelten: „Kein Deutscher [ist] vor sich selbst von der Scham befreit.“ (Okt. 1942)

Im Juli 1943 wurde in Moskau das *Nationalkomitee Freies Deutschland* von kommunistischen und bürgerlichen Exilanten sowie von kriegsgefangenen Soldaten und Offizieren gegründet. Nach diesem Vorbild kam es zu zahlreichen Komitee-Gründungen in fast allen Ländern des deutschen Exils. In Los Angeles formulierten Thomas und Heinrich Mann, Bertolt Brecht und Lion Feuchtwanger im August eine gemeinsame Grußadresse an das Moskauer Nationalkomitee, von der sich Thomas Mann allerdings einen Tag später distanzierte. In New York wurde im September ein Initiativkomitee zur Bildung einer *Free Germany*-Bewegung in den USA ins Leben gerufen. In Boston sprach Ernst Bloch im Oktober vor Professoren und Studenten über das Nationalkomitee und seine Vorstellungen über den Fortbestand Deutschlands als eines sozialistischen demokratischen Staates nach Kriegsende. In der Diskussion wurde angeregt, einen Kreis der Freunde des Freien Deutschlands zu bilden und mit gleichgesinnten Gruppen in den USA zusammenzuarbeiten.

Ungefähr Ende Oktober bot die *Free Germany*-Bewegung Thomas Mann die Führung an. Mann lehnte ab, doch zum Zwecke der Anerkennung dieser Bewegung als einer Art deutscher Exilregierung versuchte er Anfang November, beim State Department zu intervenieren – aber ohne Erfolg. Im Juni 1944 wurde der *Council for a Democratic Germany* unter Paul Tillichs Vorsitz gegründet. Dem *Council* gehörten Kommunisten, Sozialdemokraten, liberale Bürgerliche, Katholiken und Protestanten an. Sein Programm richtete sich gegen die geplante „Fellachisierung" Deutschlands, die im Morgenthau-Plan vorgesehen war. Den Aufruf zur Gründung unterzeichneten unter anderen Ernst Bloch, Bertolt Brecht, Lion Feuchtwanger, Alfred Kantorowicz, Fritz Kortner, Peter Lorre, Heinrich Mann und Erwin Piscator. Thomas Mann, den man ursprünglich als Repräsentationsfigur hatte gewinnen wollen, verweigerte die Unterschrift, aber enthielt sich jeder öffentlichen Stellungnahme gegen den *Council*. Brecht reagierte auf diese Absage nicht politisch, sondern lyrisch, und schrieb sein Schmähgedicht auf den „Nobelpreisträger Thomas Mann", als dieser „den Amerikanern und Engländern das Recht zusprach, das deutsche Volk für die Verbrechen des Hitlerregimes zehn Jahre lang zu züchtigen". Dergleichen hatte Thomas Mann zwar nie gesagt, aber die Kluft zwischen ihm und Brecht war damals bereits zu tief, um noch überbrückt werden zu können. Im Gegensatz zu Brecht sah Bloch in Thomas Mann „das Novum standhafter Humanität" und betrachtete sein Werk als „vorwärtsgewandte Erinnerungsliteratur". (G XI, S. 201, 262.)

Expressionismus-Debatte

In der Geschichte der marxistischen Ästhetik gibt es bei der theoretischen Auseinandersetzung über Kunst und Literatur zwei entscheidende Debatten, die die weitere Entwicklung der marxistischen Literaturtheorie bestimmt haben. Blochs Name ist mit einer dieser Kontroversen unauflösbar verbunden. Die erste Debatte (1859) ging um Ferdinand Lassalles Drama *Franz von Sickingen.* Karl Marx und Friedrich Engels kritisierten Lassalles Wahl eines reaktionären „Repräsentanten einer untergehenden Klasse" zum Helden eines Revolutionsdramas. Sie hätten lieber Thomas Münzer als Dramenhelden gesehen, den chiliastischen Revolutionär, den sich später auch Bloch als „Rufer" der Utopie wählen sollte.

Die zweite Debatte fiel in die Jahre zwischen 1932 und 1938 und kulminierte in der Kontroverse zwischen Georg Lukács und Bertolt Brecht, in die auch zahlreiche andere marxistische Denker eingriffen. Lukács und Brecht waren aber die Exponenten der beiden Gruppen, die um die Anerkennung und Durchsetzung einer bestimmten Art marxistischer Kunst- und Literaturtheorie kämpften. Zur Lukács-Gruppe gehörten unter anderen Johannes R. Becher, Andor Gábor und Alfred Kurella, zur Brecht-Gruppe vor allem Walter Benjamin, Hanns Eisler und Ernst Bloch. Der erste Meinungsstreit wurde 1932 in der *Linkskurve,* der Zeitschrift des Bundes Proletarisch-Revolutionärer Schriftsteller (BPRS), ausgetragen und endete damit, daß sich die Lukács-Linie durchsetzte und Brechts Dramen als dekadent und formalistisch verwarf. Die Kontroverse wurde 1937/38 unter einem anderen Zeichen im Exil fortgesetzt. Dabei spielte Ernst Bloch durch seinen grundlegenden Beitrag für die Zukunft der marxistischen Ästhetik eine entscheidende Rolle. Diese zweite Phase der Auseinandersetzung wurde ausgelöst durch je einen Aufsatz von Alfred Kurella und Klaus Mann über Gottfried Benns nationalsozialistische Verirrung und das „Erbe des Expressionismus". Beide Aufsätze erschienen 1937 in der Moskauer Exilzeitschrift *Das Wort*, als deren Herausgeber Brecht, Feuchtwanger und Willi Bredel zeichneten.

Bereits 1933 hatte Klaus Mann im französischen Exil den expressionistischen Lyriker, der in Deutschland geblieben war, beschworen und gewarnt: „Erst die große Gebärde gegen die ‚Zivilisation' –; plötzlich ist man beim Kultus der Gewalt, und dann schon beim Adolf Hitler." Aber Benn hatte die Warnung zurückgewiesen, da er, wie er sagte, „an eine echte Erneuerung des deutschen Volkes" glaubte. 1934 setzte er sich für das politische Programm des NS-Staates ein: „Anreicherung einer neuen menschlichen Substanz im Volk ... mittels der modernsten – oder ... urältesten – Methoden: Eliminierung und Züchtung." Benn unterschrieb damit gedankenlos eine intellektuelle *carte blanche* für die Vernichtungslager von Auschwitz und Maidanek. Daß seine Anstrengungen um die Gunst der Nationalsozialisten vergeblich waren und er bald mit dem Berufsverbot der Reichsschrifttumskammer belegt wurde, steht auf einem anderen Blatt. Er fand den Ausweg als Stabsarzt der Wehrmacht und das bequeme Alibi von der „Armee ... [als] aristokratischer Form der Emigration".

Im Jahre 1937 wandte sich Klaus Mann gegen die Art und Weise, wie Benn seine expressionistische Vergangenheit vor dem Propaganda-Ministerium zu rechtfertigen suchte. Mann wehrte sich mit Erbitterung dagegen, daß die expressionistische Bewegung jetzt für die Kunst- und Rassentheorie des Nationalsozialismus herhalten sollte. In Benns intellektuellem Verrenkungsakt sah er die „*Selbstvernichtung* eines Intellektuellen, der die Idee ... des Humanismus an die Pseudoideologie ... der ‚Züchtung' verriet". Alfred Kurella dagegen hielt diesen „Salto mortale ins Lager Hitlers" für eine logisch konsequente Entwicklung. Endlich ließe sich klar erkennen, „wes Geistes Kind der Expressionismus war", und wohin dieser Geist, ganz befolgt, führe – in den Faschismus. Daß nicht alle Expressionisten diesen Weg gegangen waren, betrachtete er lediglich als einen Mangel an Konsequenz. (*Das Wort*, Sept. 1937.)

Vorangegangen war den beiden Aufsätzen von Kurella und Mann ein Artikel von Georg Lukács über „Größe und Verfall des Expressionismus", der 1934 in der Exilzeitschrift *Internationale Literatur* in Moskau erschienen war. Dort hatte Lukács die These zu beweisen gesucht, daß der Expressionismus „zweifellos ... eine von den vielen bürgerlich-ideologischen Strömungen [ist], die später im Faschismus münden". Die Rezeption des Expressionismus durch den Faschismus sei nicht zufällig: „Der Expressionismus als schriftstellerische Ausdrucksform des entwickelten Imperialismus beruht auf einer irrationalistisch-mythologischen Grundlage; seine schöpferische Methode geht in die Richtung des pathetisch-leeren, deklamatorischen Manifests, der Proklamierung eines Scheinaktivismus. Er hat also eine ganze Reihe von wesentlichen Zügen, die die faschistische Literaturtheorie, ohne ihnen oder sich einen Zwang anzutun, annehmen konnte." Lukács' fundierter Aufsatz war zunächst ohne Echo geblieben. Erst die Artikel von Klaus

Mann und Alfred Kurella vermochten jene leidenschaftliche Diskussion auszulösen, die später unter dem Namen „Expressionismus-Debatte“ bekannt wurde und allgemein als ein „Kulminationspunkt in der Entwicklungsgeschichte der marxistischen Realismustheorie“ betrachtet wird (F. J. Raddatz).

An der Debatte nahmen unter anderen die folgenden Autoren teil: der Komponist Hanns Eisler, Herwarth Walden, der große Propagator des Expressionismus, sowie der ungarische Filmtheoretiker und Lyriker Bela Balàzs und Heinrich Vogeler, der Maler aus Worpswede, – und vor allem Ernst Bloch. Nur Brecht sah sich verhindert, in die Diskussion einzugreifen – aus Gründen, die bis heute nicht eindeutig geklärt sind. Glaubte er die Einheit der antifaschistischen Volksfront durch diese Kontroverse gefährdet, oder resignierte er gegenüber dem angeblich uneingeschränkten Einfluß der „Lukács-Clique“, wie er sie nannte? Brechts Gedanken zur Expressionismus-Debatte wurden erst 1966 veröffentlicht. Mit trockenem Humor stellte er fest: „Immerhin, Pferde sind tatsächlich nicht blau, das wurde in der Debatte mit Recht gebrandmarkt.“

Höchst streitlustig schaltete sich Ernst Bloch in die Diskussion ein. Er kämpfte für die „Farben“ des Expressionismus und konzentrierte seinen Angriff zielsicher auf die Anti-Expressionismusthesen seines alten Freundes Georg Lukács. Bloch nannte dessen Thesen eine „Grabrede auf den Expressionismus“ und ordnete sie zwischen Formalismus und Realismus ein. Realismus oder Formalismus und das Problem des Erbes der bürgerlichen Kultur waren damals nicht nur Fragen der künstlerischen Widerspiegelung, sondern auch des Kampfes der Volksfrontbewegung, die die Antifaschisten verschiedenster politischer Herkunft vereinigen sollte.

Bloch kam sofort auf den schwachen Punkt der Lukácsschen Argumentation zu sprechen, nämlich, daß in dessen Aufsatz kein einziger expressionistischer Maler vorkam. Diese Unterlassung müsse um so schwerwiegender gelten, „als nicht nur die Zusammenhänge zwischen Malerei und Literatur damals die engsten waren, sondern die expressionistischen Bilder viel bezeichnender für die Bewegung sind als die Literatur". Noch anfechtbarer aber war, daß repräsentative Namen wie Trakl, Heym, Else Lasker-Schüler fehlten. Lukács hatte sich quellenmäßig auf Manifeste, Vor- und Nachworte sowie Zeitschriftenartikel beschränkt. Der Eindruck, der dadurch vermittelt wurde, war nur ein indirekter, oder wie Bloch es formulierte: „Literatur über den Expressionismus, die nochmals literarisiert, theoretisiert und kritisiert wird ... ein Begriff von Begriffen, ein Essay über Essays und Minderes." Bloch betonte die revolutionären Elemente des *gestaltenden* Expressionismus im Gegensatz zum theoretisierenden Manifest-Expressionismus. Lukács' Kritik bezeichnete er nicht nur als einseitig und schief, sondern sogar als „Schulbeispiel für den banalen ... Soziologismus und Schematismus". Bloch gestand Lukács durchaus den „Abstraktpazifismus" und den ideologischen „Fluchtcharakter" des Expressionismus zu. Aber diese bedauerliche Entwicklung könne nicht die Tatsache aus der Welt schaffen, daß die Parole der „Gewaltlosigkeit ... *während des Krieges selbst* ... eine durchaus revolutionäre, auch objektiv-revolutionäre war, daß sie von den Durchhaltepolitikern auch so verstanden worden ist". (G IV, S. 264–67.)

Bloch griff dann die Grundlagen der Lukácsschen Ästhetik an, indem er auf die „revolutionäre Phantasie" im Expressionismus hinwies und den Glauben an das „klassische Erbe" als sterilen Neo-Klassizismus bekämpfte. Er wandte sich

gegen die Simplifizierung der Kultur des angeblich „unzerfallenen Bürgertums“ und gegen den Schematismus einer Kritik, die die Entwicklung der Kunst und Literatur gedankenlos nach einem Goethe-Wort aburteilt: „Klassik das Gesunde, Romantik das Kranke, Expressionismus das Allerkränkste.“ Schließlich stellte Bloch sogar die Widerspiegelungslehre des ungarischen Literaturtheoretikers in Frage, indem er sie als idealistisch verwarf: „Vielleicht ist Lukács' Realität, die des unendlich vermittelten Totalitätszusammenhangs, gar nicht so – objektiv; vielleicht enthält Lukács' Realitätsbegriff selber noch klassisch-systemhafte Züge; vielleicht ist die echte Wirklichkeit auch – Unterbrechung.“ (G IV, S. 268–270.)
Wie ketzerisch-kühn dieser Angriff war, wird daraus ersichtlich, daß Bloch damit ja nicht nur Lukács' Widerspiegelungstheorie, sondern auch die Kernsätze des Sozialistischen Realismus in Frage stellte. Diese Methode der sozialistischen Literatur, die im Jahre 1934 auf dem Ersten Unionskongreß der Sowjetischen Schriftsteller als verbindlich verkündet worden war, forderte vom Schriftsteller „die wahrhaftige, historisch konkrete Darstellung der Wirklichkeit“. Aber was ist Wirklichkeit: ununterbrochene, objektive, geschlossene Totalität – oder Bruchstück, Splitter, Zerfall, Unterbrechung? Die beiden entgegengesetzten Positionen, die hier von Lukács und Bloch vertreten wurden, sind Alternativen der Kunst, die besonders in der marxistischen Ästhetik immer wieder diskutiert worden sind – im Jahre 1958 von Lukács mit der Frage „Franz Kafka oder Thomas Mann?“, 1963 von Ernst Fischer, Roger Garaudy und Eduard Goldstücker auf der Kafka-Konferenz in Liblice mit der Frage nach der Entfremdung in der sozialistischen Welt, 1969 von der Neuen Linken mit der Frage „Brecht oder Lukács?“ und schließlich

1973 von Herbert Marcuse mit der Frage „Transzendenz oder Desublimation?“

Lukács hatte sich für die Geschlossenheit und intensive Totalität des Kunstwerks entschieden. Da die sozialistische Bewegung die bürgerliche Emanzipation des 18. Jahrhunderts überholt hatte, so sollte auch ihre Kunst die Werke der Klassik an Vollkommenheit übertreffen und der Gegenwart ein hoffnungsvolles Bild der zu erreichenden Zukunft vermitteln. Bloch dagegen, der sich zwar nicht mehr wie im *Geist der Utopie* mit dem Expressionismus identifizierte, auch wenn er ihn hartnäckig verteidigte, hatte sich für die Entzündung revolutionärer Energie durch die Kunst entschieden. Aus den Widersprüchen der Gegenwart sollte die revolutionäre Kunst ein „Überholungsbild einer Welt ohne Entfremdung“ entwickeln, wie es später im *Prinzip Hoffnung* heißt. (PH, S. 170.) Nach Ansicht von Bloch lieferte der Expressionismus entscheidende Impulse, auf die man nicht verzichten könne. Während er rücksichtslos den epigonalen Klassizismus des Sozialistischen Realismus attackierte, erinnerte er voll Überzeugungskraft an die Tradition des Expressionismus und erklärte ihn zum Erbe, das noch nicht zu Ende ist, „denn es wurde noch gar nicht damit angefangen“. (G IV, S. 275.) Die „Freude am Erbvorgang“ wurde den Mitgliedern der Brecht-Gruppe vergällt, da Lukács ihnen mit dem klassizistischen Numerus clausus drohte. Sie zogen sich in der Diskussion auf das Gebiet der künstlerischen Produktionsverhältnisse und der Revolutionierung der künstlerischen Technik zurück. Von hier aus gelangen ihnen entscheidende Vorstöße in Richtung auf die herrschende Kunstdoktrin. Diese Vorstöße bewogen Lukács schließlich zur Entwicklung seiner eigenen Konzeption des „Großen Realismus“ und zu Zugeständnissen an die dialektische Dramatik Bertolt Brechts.

Bei der Trauerfeier im Berliner Ensemble 1956 ordnete Lukács den Stückeschreiber in die abendländische Dramentradition ein, und 1963 erklärte er ihn zum „größten realistischen Dramatiker seiner Zeit". Bis dahin aber mußten fast dreißig Jahre vergehen.

Walter Benjamin schrieb damals seine beiden Aufsätze „Der Autor als Produzent" (1934) und „Das Kunstwerk im Zeitalter seiner technischen Reproduzierbarkeit" (1936), Bertolt Brecht entwarf eine positive Entgegnung über „Weite und Vielfalt der realistischen Schreibweise" (1938), in der er den englischen Romantiker P. B. Shelley mit seiner Ballade „The Masque of Anarchy" zum großen Realisten ernannte, und Hanns Eisler und Bloch taten sich zusammen, um in einem Gespräch zwischen Kunstfreund und Produzent die „Kunst zu erben" zu diskutieren (*Neue Weltbühne*, Januar 1938). Sie warnten vor der künstlerischen und auch politischen Katastrophe, zu der die Schwarz-Weiß-Technik der Theoretiker und Schulmeister des Sozialistischen Realismus führen könne.

Daß es gar nicht um den Expressionismus ging, wurde vollends deutlich, als Lukács schließlich die Führung der Debatte an sich riß. Alfred Kurella schrieb zwar das offizielle Schlußwort, aber Lukács lieferte das entscheidende Stichwort, das die Entwicklung der sozialistischen Literatur der nächsten Jahrzehnte bestimmen sollte: „Es geht um den Realismus." Blochs Rolle und Bedeutung in der Expressionismus-Debatte bestehen darin, daß er die politische Tragweite der Auseinandersetzung erkannte und dem ungarischen Literaturtheoretiker einen der fundiertesten Entwürfe einer marxistischen Kunsttheorie entgegenstellte, der die moderne Kunst eines Picasso, Schoenberg und Kafka erfaßte, für die es keinen Raum auf Lukács' Parnassos gab.

Philosophie des Exils: Das Prinzip Hoffnung

Exilliteratur ist im Laufe der letzten Jahre zu einem festen Begriff geworden. Im Jahre 1933 ging der bessere Teil der deutschen Literatur ins Exil. Die bedeutendsten Werke deutscher Sprache während der nächsten zwanzig Jahre wurden nicht in Berlin, München oder Wien, sondern in Moskau, Paris oder Los Angeles geschrieben. Entscheidung und Erlebnis des Exils prägten Inhalt und Form dieser Literatur.

Mit dem Begriff Exilphilosophie verhält es sich anders. Wohl ging 1933 auch der bessere Teil der Philosophie deutscher Sprache ins Exil. Vertreter aller Richtungen befanden sich darunter: Phänomenologen (Fritz Kaufmann, Helmut Kuhn), Existentialisten (Paul Tillich), philosophische Anthropologen (Cassirer, Plessner), Marxisten (Adorno, Benjamin, Horkheimer, Korsch, Herbert Marcuse) und Neopositivisten (Wittgenstein, Carnap, Reichenbach, Popper). Was sie aber von den Exilschriftstellern unterschied, war die „erstaunliche Kontinuität der Schulen und der prinzipiellen Fragestellungen" im Exil. Jürgen Habermas hat diese Feststellung 1971 im Hinblick auf die Gesamtentwicklung der deutschen Philosophie während des letzten halben Jahrhunderts getroffen. Aber man kann diese Beobachtung durchaus auf die Situation der deutschen Philosophie im Exil beschränken. Von wenigen Ausnahmen abgesehen, wurden die Denkansätze der zwanziger Jahre, unbeirrt oder bestärkt von der politischen Entwicklung, im Exil fortgesetzt. Es trat kein Bruch im Denken ein, sondern die Formen des philosophischen Denkens nach dem Ersten Weltkrieg wurden im Exil weiterentwickelt.

Ernst Bloch bildete in dieser Hinsicht keine Ausnahme. *Das Prinzip Hoffnung*, sein großes Werk des Exils, an dem Bloch zwischen 1942 und 1949 in Cambridge, Massachusetts, arbeitete, ist eine Fortführung der Gedanken, die zum ersten Male im *Geist der Utopie* von 1918 ausgesprochen worden waren. Anstelle des Prinzips Utopie trat nun das Prinzip Hoffnung, aber Form und Richtung des Denkens wurden nicht aufgegeben oder geändert. Der Begriff des Exils gehörte bereits vor 1933 zu den Metaphern des Blochschen Denkens. Doch entsprach wohl kaum ein philosophisches Werk so sehr der Situation des Exils wie *Das Prinzip Hoffnung*. Denn es gehörte damals zu den schwersten Aufgaben der Exilierten, die Hoffnung nicht aufzugeben.

Ernst Bloch war von der Schwierigkeit der Aufgabe in persönlicher Weise betroffen. Abgesehen von der deprimierenden politischen Lage im Jahre 1942, befand er sich in den Vereinigten Staaten in finanzieller Notlage. Während die meisten deutschen Philosophen im amerikanischen Exil eine Anstellung an amerikanischen Universitäten fanden, zum Beispiel an der „New School for Social Research" in New York, die als Universität im Exil galt, am „Institute for Advanced Study" in Princeton oder an Horkheimers „Institut für Sozialforschung", war Bloch auf das Einkommen seiner Frau angewiesen. Zu den Legenden über sein Exil gehört, daß Bloch gezwungen war, den Lebensunterhalt der Familie als Tellerwäscher zu verdienen, und sogar diesen Job verlor, weil er bei dem vorgeschriebenen Tempo nicht mitkam. Es mag schlechtes Gewissen gewesen sein, das Theodor W. Adorno dazu bewog, diese Geschichte zu kolportieren, als er im November 1942 im New Yorker *Aufbau*, der Zeitung der deutsch-jüdischen Emigration, einen Aufruf zur Unterstützung des Philosophen veröffentlichte. Denn Adorno, Horkheimer und das „Institut für Sozialforschung" taten in den USA nichts für Bloch – mit Ausnahme dieses Aufrufs. Adorno erklärte es damals zur vordringlichsten Aufgabe des Exils, Bloch aus seiner finanziellen Notlage zu befreien. Falls dies der breiteren Solidarität nicht gelänge, so müßte der Zweifel wach werden, „ob es der Emigration mit dem Geist gegen Hitler überhaupt ernst sei". Adorno stellte die Gewissensfrage, ob man nicht Deutschland verlassen habe, „um draußen ungestört weitermachen zu können; ob Hitler nicht den furchtbarsten Sieg davongetragen hat im Bewußtsein derer, die er vertrieb: die nun so gründlich sich fügen, wie sie es drinnen gern gemocht hätten, und nichts gegen den Unhold einzusetzen haben, als daß sie ihr Leben fortschleppten von ihm, als es schon so stumpf und kalt geworden war wie das parteiamtlich Zugelassene". (*Aufbau*, 27. November 1942.)

Von der „Karl Schurz-Foundation" erhielt Bloch ein Jahr lang ein Stipendium von 100 Dollar. Seine Frau Karola, die zunächst als Kellnerin gearbeitet hatte, konnte schließlich in ihren Beruf als Architektin zurückkehren und so den Lebensunterhalt der Familie und die zum philosophischen Denken erforderliche Ruhe ihres Mannes gewährleisten.

Das Prinzip Hoffnung ist aber noch in einem weiteren Sinne der spezifischen Exilsituation entwachsen. Es ist der große Gegenentwurf zum Anti-Utopismus, der damals unter den deutschen Exilanten in Amerika vorherrschend war, wie Joachim Radkau in seinem Buch über *Die deutsche Emigration in den USA* (1971) dargelegt hat. Die bitteren Erfahrungen der ersten zehn Jahre des Exils – der Sieg des Faschismus in Europa, der Zusammenbruch der Volksfront und der Hitler-Stalin-Pakt – hatten den Glauben an die Möglichkeit, die Welt im Sinne des realen Humanismus zu verändern, erschüttert, wenn nicht sogar zerstört. Der Theologe Paul Tillich, der zwar zwischen Utopie und Utopismus unterschied, stand unter den Exilierten im Kampf gegen den Utopismus an erster Stelle. Er erklärte damals, daß „die Ablehnung jeder sozialen Utopie einschließlich der Fortschrittsmetaphysik" zu den vordringlichsten Aufgaben der Gegenwart gehörte. Er hielt den Utopismus sogar schädlich für das Ansehen der Emigration. Man war durch Schaden vorsichtig geworden und setzte auf Nüchternheit und „Realismus". Utopie war zu einem Wort eitler Hoffnung oder schändlichen Betruges geworden.

Dieser Erklärung stellte nun Ernst Bloch *Das Prinzip Hoffnung* entgegen, das in vielfacher Hinsicht gegen die Lebensangst, die Furcht und den Kleinmut des Exils geschrieben wurde. Der ursprünglich für *Das Prinzip Hoffnung* vorgesehene Titel hatte „Träume vom besseren Leben" gelautet. Als Verlag hatte die Oxford University Press in Aussicht gestanden, so daß das Werk unter dem Titel „Dreams of a Better Life" zuerst in den USA erschienen wäre, aber die Verhandlungen waren ergebnislos verlaufen.

„Es kommt darauf an, das Hoffen zu lernen," verkündete Bloch, Hoffnung „erträgt kein Hundeleben", und er verwies auf die Träume der Menschheit: „Wie reich wurde allzeit davon geträumt, vom besseren Leben geträumt, das möglich wäre." Das ist die andere Seite des Prinzips Hoffnung. „Aus dem ungeregelten Tagtraum wie aus dessem schlauen Mißbrauch" kann der Kern der Hoffnung „herausgeholt werden". Diese Aktivierung der Hoffnung wollte Bloch lehren, das Freilegen der Hoffnungskeime im Boden der Verzweiflung und Not. (PH, S. 1 f.)

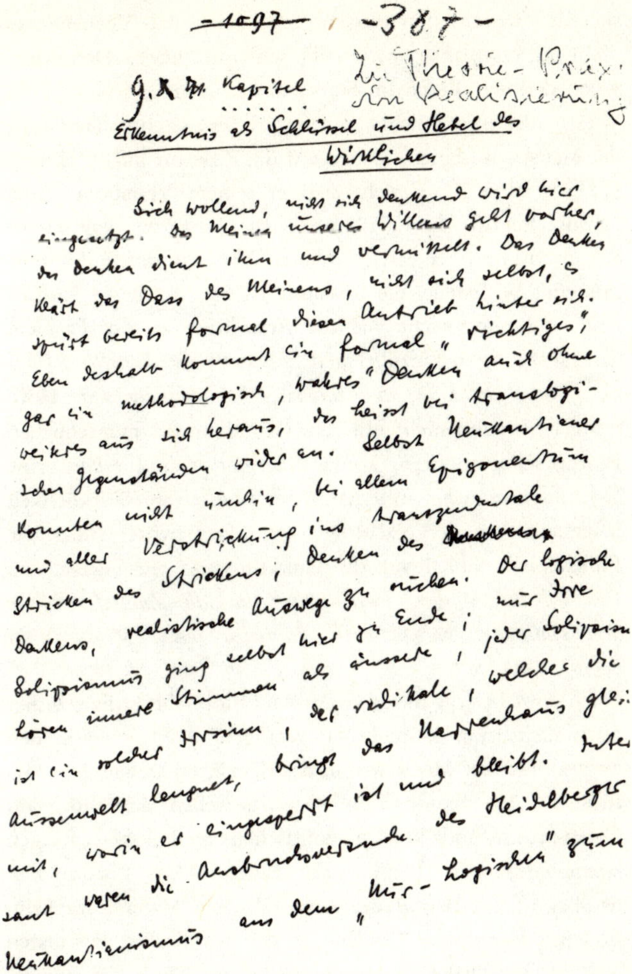
~~-1097-~~ -387-

9. Kapitel — Zur Theorie-Praxis der Realisierung

Erkenntnis als Schlüssel und Hebel des Wirklichen

Sich wollend, nicht sich denkend wird hier eingesetzt. Das Meinen unseres Willens geht vorher, das Denken dient ihm und vermittelt. Das Denken kraft des Dass des Meinens, nicht sich selbst, es spürt bereits formal diesen Antrieb hinter sich. Eben deshalb kommt ein formal „richtiges", gar ein methodologisch „wahres" Denken auch ohne weiteres aus sich heraus, das heisst bei translogischen Gegenständen wieder an. Selbst Neukantianer konnten nicht umhin, bei allem Epigonentum und aller Verstrickung ins transzendentale Denken des Strickens des Denkens, realistische Auswege zu suchen. Der logische Solipsismus ging selbst nicht zu Ende; nur Irre hören innere Stimmen als äussere; jeder Solipsismus ist ein solcher Irrsinn, der radikale, welcher die Aussenwelt leugnet, bringt das Narrenhaus gleich mit, worin er eingesperrt ist und bleibt. Unter sonst waren die Ausbruchsversuche des Heidelberger Neukantianismus aus dem „Nur-Logischen" zum

Manuskriptseite aus: *Das Experiment Welt*

Die Hoffnung ist bei Bloch an ein Denken gebunden, das sich als Überschreiten versteht, „so jedoch, daß Vorhandenes nicht unterschlagen, nicht überschlagen wird". Den Menschen definiert Bloch im Sinne von Leibniz und Goethe als Wesen, das primär lebt, „indem ... [es] strebt". Damit ist der Mensch in seinem Wesen auf die Zukunft hin bestimmt. (PH, S. 2 f.) Bloch sieht sich in seinem Verfahren durch Lenins Begriff der „Träume nach vorwärts" legitimiert. So unternimmt er den grandiosen Versuch, die Philosophie „als eine Weltstelle, die bewohnt ist wie das beste Kulturland und unerforscht wie die Antarktis", an das Problem der Hoffnung heranzubringen. Er stellt die *begriffene Hoffnung*, oder *docta spes*, als zentrales Weltprinzip auf. Hoffnung ist für ihn nicht nur „ein Grundzug des menschlichen Bewußtseins, sondern, konkret berichtigt und erfaßt, eine Grundbestimmung innerhalb der objektiven Wirklichkeit insgesamt". In der Nachfolge von Marx richtet Bloch die Philosophie radikal auf die Zukunft aus: *„Philosophie wird Gewissen des Morgen, Parteilichkeit für die Zukunft, Wissen der Hoffnung haben, oder sie wird kein Wissen mehr haben.*" (PH, S. 5.)

Nach Ansicht von Bloch konnte das utopische Prinzip bisher noch nicht zum Durchbruch gelangen. Aber es sei in den Tagträumen des Menschen, in der Kunst, im archaischen Mythos, in den Exodus- und Messias-Stellen der Bibel, im Christentum und in den politischen Freiheitsbewegungen latent vorhanden. Ferner sieht Bloch es im Platonischen Erosbegriff, im Begriff der Aristotelischen Materie, im Leibnizschen Begriff der Tendenz, in den Kantischen Postulaten und in der Dialektik Hegels enthalten. Diese Spuren der Hoffnung in der Vergangenheit erfaßt Bloch mit dem paradoxen Begriff der „ungewordenen Zukunft". Damals konnten sie nicht verwirklicht werden. Jetzt sei die Zeit gekommen, „gerächte und beerbte, vermittelte und erfüllte Vergangenheit“ in die Zukunft einzubringen. „Ein auf Verändern der Welt gerichtetes, das Veränderwollen informierendes Denken“ könne diese Aufgabe leisten. Die Philosophie der Vergangenheit komme lediglich als „Erbmaterial“ in Frage. Die marxistische Philosophie ist für Bloch die Philosophie der Zukunft, also auch der Zukunft, die noch unentdeckt in der Vergangenheit liegt. Es ist eine Philosophie, die die Totalität des Weltprozesses zu erfassen sucht, eine Philosophie, „die bleibt und ist, indem sie wird“. Ihr Grundthema ist die „noch ungewordene, noch ungelungene Heimat, wie sie im dialektisch-materialistischen Kampf des Neuen mit dem Alten sich herausbildet, heraufbildet“. Blochs *docta spes* wird so zur *„dialektisch-materialistisch begriffenen Hoffnung*“. (PH, S. 6–8.)

Mit anderen Worten: Blochs Haupt- und Lebenswerk „handelt von nichts anderem als vom Hoffen über den gewordenen Tag hinaus“. (PH, S. 9.) Es ist eine „Enzyklopädie der utopischen Gehalte in Bewußtsein, Gesellschaft, Kultur, Welt“ und in Anlage und Bedeutung mit Hegels *Phänomenologie des Geistes* vergleichbar. *Das Prinzip Hoffnung* wiederholt ein- und denselben Gedanken auf stets neuer Ebene: „Die Welt ist ... voll Anlage zu etwas, Tendenz auf etwas, Latenz von etwas, und das so intendierte Etwas heißt Erfüllung des Intendierten. Heißt eine uns adäquatere Welt, ohne unwürdige Schmerzen, Angst, Selbstentfremdung, Nichts.“ (PH, S. 17.)

Das Prinzip Hoffnung mit seinen mehr als sechzehnhundert Seiten ist in fünf Teile gegliedert. Der erste Teil beginnt als Bericht mit den „Kleinen Tagträumen“. Damit werden die oberflächlichen Hoffnungen des Kleinen Mannes beschrieben:

von den ersten Regungen des Säuglings, den ersten Wünschen der Knabenzeit – „Das Kind will Schaffner werden oder Zuckerbäcker. Sucht lange Fahrt, weit weg, jeden Tag Kuchen“ – über die Luft- und Lustträume der Jugend bis zur Torschlußpanik und den Wünschen im hohen Alter. Wichtig aber ist bereits hier, daß etwas in Bewegung gesetzt und daß Mangel verspürt wird: „Träumt einer, so bleibt er niemals auf der Stelle stehen.“ Und: „Der Wille, um den es sich handelt, stammt aus dem Mangel und verschwindet nicht, bis der Mangel ausgetilgt ist.“ (PH, S. 24, S. 45.)

Der zweite Teil befaßt sich als Grundlegung mit dem „Antizipierenden Bewußtsein“. Aus dem erwähnten Mangel erwachsen Drang, Streben, Sehnen, Suchen, die Bloch unter dem Begriff des *Triebes* zusammenfaßt. Ausgangspunkt seiner Betrachtungen bildet der Mensch als Triebwesen. Freuds Psychoanalyse wird als klassenbedingte Wissenschaft von der Psyche des bürgerlichen Menschen abgelehnt. Anstelle der Libido setzt Bloch den Hunger als Grundtrieb an, mit dem er die Triebstruktur des Menschen in seiner Abhängigkeit von der dialektisch-materialistischen Struktur der Wirklichkeit zu erfassen sucht.

Freuds wissenschaftlicher Leistung hat Bloch stets höchste Achtung erwiesen, während er C. G. Jung nie für mehr als einen „faschistisch schäumenden Psychoanalytiker“ (PH, S. 65.) und „Tarzan“ der Psychotherapie gehalten hat. Blochs Polemik ist aber nicht an den unwiderlegbaren Fakten der Biographie Jungs zwischen 1933 und 1945 orientiert, sondern vielmehr am Gehalt der Jungschen Psychologie. Während Freud den Menschen lediglich darum ans Unbewußte erinnere, „damit er sich davon befreie“, führe ihn Jung auf das Unbewußte zurück, um ihn gänzlich darin unterzutauchen. Was bei Freud emanzipatorischer Ansatz

sei, werde bei Jung zum atavistischen Ziel.
Wie Freud konzentriert sich Bloch auf Traumdeutung, aber ihn interessiert nicht das „Nicht-Mehr-Bewußte", das heißt das Vergessene und Verdrängte, sondern das „Noch-Nicht-Bewußte". Gegen den privat individualistischen Nachttraum setzt Bloch den Tagtraum, der Freiheit und Identität des Menschen bewahre und auf öffentliche Weltverbesserung hindränge. Bloch sieht seine Psychologie vorwärts in die Höhe gerichtet, nicht rückwärts in die Tiefe wie die Freudsche Psychoanalyse. Im Stadium der Jugend, der Zeitenwende und der geistigen Produktivität sucht Bloch das „Noch-Nicht-Bewußte" auf, das er als „die psychische Repräsentierung des ‚Noch-Nicht-Gewordenen' in einer Zeit und ihrer Welt" definiert. (PH, S. 143.) Im „Noch-Nicht-Bewußten" erweise die menschliche Psyche ihre Fähigkeit zur Utopie. Das „Noch-Nicht-Bewußte" hat seine konkrete Entsprechung in der Wirklichkeit des materialistischen Weltprozesses. Es korrespondiert mit dem „Noch-Nicht-Gewordenen". Subjekt und Objekt sind in ihrer Seinsweise durch die Kategorien der Front, das Novum und Ultimum bestimmt. Die Kategorie der Front wird als „vorderster Abschnitt der Geschichte" verstanden. Die Philosophie der Hoffnung stehe „per definitionem an der Front des Weltprozesses, das ist, an dem ... vordersten Seinsabschnitt der bewegten, utopisch offenen Materie". (PH, S. 230; siehe auch G XIII, S. 227.) Das Novum besteht „in der realen Möglichkeit des Noch-Nicht-Bewußten, Noch-Nicht-Gewordenen, und zwar mit der Prävalenz eines gut-Verheißenden". (G XIII, S. 228.) Das Novum stellt „den Horizont der Utopie" dar, den „noch ungeworden totalen Zielinhalt ... der in progressiven Neuheiten der Geschichte gemeint und tendiert, versucht und herausprozessiert wird". Durch die Kategorie Ultimum schließ-

lich wird die „höchste Neuheit", die letzte Steigerung zur Identität bezeichnet. Sie wird „kraft des totalen Sprungs aus allem Bisherigen heraus" erreicht. (PH, S. 232 f.)
Zu diesen drei Kategorien kommt schließlich noch die Kategorie der Möglichkeit hinzu, die in ihrer höchsten Form das real Mögliche darstellt: „So ist der Mensch die reale Möglichkeit alles dessen, was in seiner Geschichte aus ihm geworden ist und vor allem ... noch werden kann ... Die Materie ist die reale Möglichkeit zu all den Gestalten, die in ihrem Schoß latent sind und durch den Prozeß aus ihr entbunden werden." (PH, S. 271.) Diese Kategorienlehre und Auffassung der Materie führt Bloch auf eine Ontologie des „Noch-Nicht-Seins" zurück. Ausgangspunkt ist hier nicht das Sein, sondern das Nicht. Hier werden die Beziehungen zur Kabbala und Jakob Böhme deutlich erkennbar. Das Böhmewort in Übereinstimmung mit der Kabbala lautet: „Nichts – ist die Sehnsucht nach Etwas." Bei Bloch heißt das: „Das Nicht ist Mangel an Etwas und ebenso Flucht aus diesem Mangel; so ist es Treiben nach dem, was ihm fehlt. Mit Nicht wird also das Treiben in den Lebewesen abgebildet: als Trieb, Bedürfnis, Streben und primär als Hunger." (PH, S. 356.) Bloch unterscheidet zwischen Nicht und Nichts: „Das Nicht ist freilich Leere, aber zugleich der Trieb, aus ihr herauszubrechen; im Hunger ... vermittelt sich die Leere ... als horror vacui ... als *Abscheu des Nicht vor dem Nichts*." (PH, S. 357.) Das Nicht zeigt sich als Noch-Nicht, der Hunger als „Produktivkraft an der immer wieder aufbrechenden Front einer unfertigen Welt". Zum Hunger gehören alles Meinen und Intendieren, die Sehnsucht nach dem Etwas des Böhmewortes, Wunsch, Wille und der „Wachtraum, mit allen Ausmalungen des Etwas, das fehlt". Das Nicht selbst „erscheint in jeder bis-

herigen Bestimmung zum Etwas als die beunruhigte Verneinung, welche besagt: dieses Prädikat ist doch nicht die letzthin adäquate Bestimmung seines Subjektes". In dem Fundamentalsatz *„S ist noch nicht P"*, das heißt „Subjekt ist noch nicht Prädikat", läßt sich der Kern der Blochschen Ontologie und seiner Philosophie der Hoffnung zusammenfassen. (PH, S. 360; siehe auch G XIII, S. 219.) Auf diese Weise macht sich „das Nicht ... kenntlich ... als utopisch weitertreibende Negation". (PH, S. 360.) Der Zustand des Menschen wie der Welt wird mit der Metapher des Exils erfaßt: sie befinden sich „immer noch ... im Exil" (PH, S. 361.) Hier wird deutlich, was für eine Zentralstellung der Gedanke des Exils im *Prinzip Hoffnung* einnimmt und wie er Blochs Denken beherrscht.
Das Noch-Nicht steht zwischen *„absolutem Nichts und absolutem Alles"*. Dabei erscheint die Utopie in ihrer konkreten Gestalt als der „Wille zum Sein des Alls", während das Nichts die Gefährdung und Zerstörung des Alls repräsentiert. „Das absolute Nichts ist die besiegelte Vereitlung der Utopie; das absolute Alles ... die besiegelte Erfüllung der Utopie." Oder wie Bloch das Alles redefiniert: „In Wahrheit ist *das Alles selber nichts als Identität des zu sich gekommenen Menschen mit seiner für ihn gelungenen Welt.*" (PH, S. 363 f.) Subjekt und Objekt erreichen in ein- und demselben Prozeß das gemeinsame Ziel, das Karl Marx als Naturalisierung des Menschen und Humanisierung der Natur bezeichnet hat.
Der dritte Teil des *Prinzips Hoffnung* bildet einen Übergang: „Wunschbilder im Spiegel (Auslage, Märchen, Reise, Film, Schaubühne)." Hier werden die Spuren der *Hoffnung* in der Karl May-Welt aufgewiesen. Den Kitschträumen einer falschen Hoffnung stellt Bloch die echte utopische Form der

Hoffnung gegenüber, die in den „besseren Luftschlössern" des Volkes wohnt: in Jahrmarkt und Zirkus, in Märchen und Kolportage. Der Kitsch stehe im Dienst der ideologischen Verdummung und faschistischen Aufhetzung. Märchen und Kolportage dagegen seien „Luftschloß ... in guter Luft", sie stammten „zu guter Letzt aus dem goldenen Zeitalter und ... [möchten] wieder in einem stehen". (PH, S. 428.) Das Happy-End wird entlarvt und trotzdem verteidigt: „Solange kein absolutes Umsonst ... erschienen ist, ist darum das happy-end des rechten Sinnes und Wegs nicht nur unser Vergnügen, sondern unsere Pflicht." (PH, S. 518.)

Der vierte Teil, der durch den Begriff *Konstruktion* charakterisiert wird, liefert eine enzyklopädische Übersicht über die vorhandenen „*Plan- oder Grundrißutopien*", das heißt die „Grundrisse einer besseren Welt". Behandelt werden die ärztlichen Utopien sowie die Sozialutopien von Plato über Augustin, Joachim di Fiore und Thomas Morus, Campanella bis zu Owen, Fourier, Saint-Simon, Weitling, Stirner, Proudhon und Bakunin, ferner die technischen, architektonischen und geographischen Utopien und schließlich die Wunschlandschaften in Malerei, Oper, Dichtung und Philosophie. Die Methode ist historisch, aber nicht das Ziel der Untersuchung – die historischen Inhalte sollen für die Zukunft nutzbar gemacht werden. Der Überblick über die Sozialutopien endet selbstverständlich mit dem Marxismus: „Seit Marx ist der abstrakte Charakter der Utopien überwunden." Andererseits: „Die Geschichte der Utopien zeigt: der Sozialismus ist so alt wie das Abendland." (PH, S. 680.) Im Gegensatz zu den alten Utopien ist die marxistische Utopie für Bloch offen und prozeßhaft-konkret.

In den Kapiteln über die Wunschlandschaften entwickelt Bloch eine Ästhetik der Hoffnung. Kunst wird in Anlehnung an den Begriff des Scheins in der klassischen Ästhetik von ihm als „immanenter Vor-Schein einer human-vollkommenen Welt“ bestimmt. (PH, S. 198, siehe auch PH, S. 14, S. 242 ff.) Der Schein der klassischen Ästhetik wird sozusagen utopisiert. Der Vor-Schein wird dadurch erreicht, „daß Kunst ihre Stoffe in Handlungen, Situationen wie Gestalten, zu Ende treibt, in Leid, Glück wie Bedeutung zum ausgesagten Austrag bringt“. (PH, S. 947.) Die Perspektive der Wunschlandschaft erfüllt für Bloch die Definition der Kunst im eigentlichen Sinne.

Unter den Sozialutopien ist dem Zionismus ein eigener Abschnitt gewidmet. Bloch verwirft Theodor Herzls Programm als kapitalistischen Zionismus und stellt demgegenüber die sozialistisch zionistische Utopie von Moses Hess heraus. Bloch wendet sich gegen den nationalen Zionismus und zeigt trotz des Holokaust keinerlei Bedenken, den Staat Israel als faschistisch zu bezeichnen und ihn den „Köter des amerikanischen Imperialismus in Vorderasien“ zu nennen. Es zeigt sich, daß Bloch die Leistung Moses Mendelssohns nicht zurücknehmen kann oder will. Er will die Juden in eine internationale Freiheitsbewegung zur Abschaffung des letzten Ghettos auf dieser Welt eingereiht wissen: „Mit der Bewegung zum Licht stehen, in jedem Land, zu dem man gehört, das scheint echt jüdische Heimat.“ (PH, S. 709.) In konsequenter Nachfolge zu Marx' Aufsatz „Zur Judenfrage“ mündet Zionismus für Bloch im Sozialismus, „oder er mündet überhaupt nicht“. (PH, S. 713.) Diese Schlußforderung verdichtet sich bei ihm zu dem Kernsatz: „ – ubi Lenin, ibi Jerusalem.“ (PH, S. 710.) Darüber hinaus hat Bloch aber nicht die aktuelle Bedrohung Israels bagatellisiert. Während des Sechs-Tage-Krieges 1967 hat er sich für Israels „Recht auf eine rechtlich gesicherte Heimstätte“ eingesetzt. (G XI, S. 422.) Es ist voll abgründiger Ironie, daß diese Formulierung genau dem Basler Programm des Ersten Zionistenkongresses von 1897 entspricht, das Bloch als nationalen Zionismus abgelehnt hatte.

Der fünfte Teil des *Prinzips Hoffnung* versucht, unter dem Schlüsselwort *Identität* „Wunschbilder des erfüllten Lebens (Moral, Musik, Todesbilder, Religion, Morgenland, Natur, höchstes Gut)" aufzurichten. Der echt utopische Wille sei keineswegs als „unendliches Streben" zu verstehen. Im Gegenteil: „Der Mensch will endlich als er selber in das Jetzt und Hier, will ohne Aufschub und Ferne in sein volles Leben." (PH, S. 14.) Die Verwirklichung der Daseinsutopie im Gegenwartsaugenblick sieht Bloch durch das „Verweile doch, du bist so schön" in Goethes Faustdrama bezeichnet. Goethes Faust ist für ihn die vorbildliche Leitfigur der Grenzüberschreitung aus dem endlosen Einerlei des Alltags heraus. Er stellt „das höchste Exemplar des utopischen Menschen" dar. (PH, S. 1189.) Im Vorgefühl des freien Volks auf freiem Grund wird „die *Intention* auf Utopisches ... als seiend" gestaltet. (PH, S. 1201.) Außer Faust werden noch Odysseus, Don Quichotte und Don Giovanni als Leitfiguren genannt. In der Musik stellen Bach, Mozart und Beethoven die Figuren der Grenzüberschreitung dar.

Die stärkste Nicht-Utopie, die sich dem Prinzip Hoffnung entgegenstellt, ist der Tod. Die enzyklopädische Übersicht der Hoffnungsbilder gegen den Tod, wie Auferstehung, Paradies, Nirwana, endet mit einer Darstellung der sozialistischen Todesproblematik. Im sozialistischen Bewußtsein verschwinde das letale Nichts. Der „rote Held" gehe in den Tod, „als wäre die ganze Ewigkeit sein", wie es in Anlehnung an Lessing heißt. Die angeführte elliptische Begründung in

Brecht-Manier ist verblüffend einfach: „Das macht: er hatte ... Klassenbewußtsein." (PH, S. 1378 f.) Mit entwaffnender Simplizität erklärt Bloch, daß in dem Prozeß des Verschwindens des Nichts im sozialistischen Bewußtsein „dieses Nichts mit neuen humanen Inhalten" angefüllt und damit eine rot-atheistische Unsterblichkeit geschaffen werde. (PH, S. 1380 f.) Da es sich hier sicher nicht um eine Parodie handelt, bleibt der Gedankengang unglaubwürdig. So leicht schafft sich nicht Unsterblichkeit, auch keine rot-atheistische.

Die höchste Hoffnung des Menschen kommt nach Bloch in der Religion zum Ausdruck, die von ihm als Gott-Hypostase verstanden wird. Für seine höchsten Wünsche setzt der Mensch ein höchstes vollkommenes Wesen. Als Atheist und Marxist sucht Bloch dieses Erbsubstrat der Religion, nämlich „*Hoffnung in Totalität* zu sein" (PH, S. 1404.), für das utopische Denken und Handeln nutzbar zu machen. Blochs Atheismus ist kein Nihilismus, sondern Glaube „an ein messianisches Reich Gottes – ohne Gott". Gott wird als höchstes Wesen aus dem Anfang und Prozeß der Welt entfernt, „ohne aber das mit einem Ens perfectissimum Intendierte ... aus der Realutopie eines Reichs der Freiheit zu entfernen". Seine Stelle wird offengehalten für den *homo absconditus*. Anstelle des unbekannten Gottes im Himmel erscheint jetzt das Ideal des unbekannten Menschen auf Erden. Bloch schließt: „Atheismus ist folglich so wenig Feind religiöser Utopie, daß er deren Voraussetzung bildet: ohne Atheismus hat Messianismus keinen Platz." (PH, S. 1413.) In diesem Sinne entwickelt Bloch im Anschluß an Ludwig Feuerbach, dessen Philosophie für ihn eine religionsphilosophische Wende bringt – er datiert von ihm ab „die letzte Geschichte des Christentums" (PH, S. 1518) –, eine neue Anthropologie und Eschatologie der Religion.

Seiner Ansicht nach begründete Moses in seiner Kombination als Rebell gegen den Schöpfer- und Herrengott und als Stifter des Exodusgottes die Utopisierung des religiösen Bewußtseins im Zeichen von Kanaan. „*Statt des fertigen Ziels erscheint nun ein verheißenes, das erst erworben werden muß; statt des sichtbaren Naturgotts erscheint ein unsichtbarer der Gerechtigkeit und des Reichs der Gerechtigkeit.*" (PH, S. 1454 f.) Jesus vollendet diese Utopie des gelobten Landes mit der Verheißung eines Reichs hier auf Erden. Auch er wird als Rebell gegen den Vater- und Herrengott verstanden.

Das letzte Kapitel ist Karl Marx und der Menschlichkeit gewidmet. „Die Entwicklung des Reichtums der menschlichen Natur" wurde von Marx als sein letztes und innerstes Anliegen bezeichnet. Bloch interpretiert diese Entwicklung als Latenz-Tendenz des Menschen und der Natur: „Der Mensch lebt noch überall in der Vorgeschichte . . . alles . . . steht noch vor Erschaffung der Welt, als einer rechten." Im mystischen Paradox wird die Situation erfaßt: „*Die wirkliche Genesis ist nicht am Anfang, sondern am Ende.*" Die Zukunft hänge vom arbeitenden Menschen ab. „Hat er sich erfaßt und das Seine ohne Entäußerung und Entfremdung in realer Demokratie begründet", so sei die Zeit des Exils vorüber und es entstehe in der Welt etwas, was den absoluten Gegensatz zu allem und jedem Exil bilde, „was allen in die Kindheit scheint und worin noch niemand war: Heimat". (PH, S. 1628.) Heimat ist das letzte Wort der Philosophie des Exils.

Kann Hoffnung enttäuscht werden?

Bewegt von Heimatgefühlen nahm Ernst Bloch im Jahre 1949 den Ruf als Ordinarius für Philosophie an der Karl Marx-Universität in Leipzig an. Einen Ruf an die Universität Frankfurt am Main lehnte er mit dem Bescheid ab, er denke nicht daran, „dem Kapitalismus zu dienen". Die entstehende Republik ließ Ernst Bloch wieder hoffen. Hierher kehrten die Exilierten zurück und glaubten, nach ihren Vorstellungen einen neuen Staat aufbauen zu können, während ihnen im Westen dazu kaum Gelegenheit gegeben wurde. Unter der Führung von Konrad Adenauer hatte sich die CDU zur restaurativen Staatspartei entwickelt, die alte Kräfte und Ideologien zu nutzen und in wirtschaftlichen Erfolg umzusetzen verstand. Das Wort „Emigrant" wurde zu einem publikumssicheren Schmähwort im Wahlkampf. Erst mit fast fünfundzwanzigjähriger Verspätung kam mit der Wahl Willy Brandts 1969 auch in der Bundesrepublik Deutschland ein Exilierter an die Regierung.

Bloch begrüßte den Arbeiter- und Bauern-Staat mit einem Ton der Hoffnung, der an den *Geist der Utopie* erinnerte, der dreißig Jahre vorher erschienen war: „Ich komme aus dem Land Metternichs und der Heiligen Allianz. Früher nannte man es die neue Welt, nun ist sie hier bei uns, die neue Welt." Diese Worte waren nicht völlig aus der Luft gegriffen. Sie konnten sich auf konkrete Tatsachen stützen – auf eine antifaschistische Einheitspartei, die an die Volksfront erinnerte, sowie auf Bodenreform und Verstaatlichung der Groß- und Grundstoffindustrie. Die Bundesrepublik Deutschland dagegen stellte sich Bloch als abschreckendes Gegenbild dar: ehemalige Nationalsozialisten in der Regierung und an den Universitäten, weder Bodenreform noch Verstaatlichung der Großindustrie. In den Augen Blochs war die Bundesrepublik depravierter als die Weimarer Republik auf ihrem Tiefpunkt. Wie Bütow schreibt: „Westdeutschland – das war in den Augen Blochs ... [damals] demokratisierter Nationalsozialismus."

Die große Wirkung, die von Ernst Bloch als Lehrer und Philosoph ausging, läßt sich aus seinem Einfluß auf die junge Generation, die aus den Kriegsgefangenenlagern in die Hörsäle kam, ablesen. Der Schriftsteller Gerhard Zwerenz, der sich 1948 zur Volkspolizei verpflichtet hatte, um aus russischer Kriegsgefangenschaft entlassen zu werden, hat darüber in seinem autobiographischen Roman *Kopf und Bauch* (1971) berichtet. Er erzählt, wie er in dem dunklen Gebäude des philosophischen Instituts in Leipzig Ernst Bloch zum ersten Male begegnete. Es liest sich fast wie ein Erweckungserlebnis: „... und dann sah ich den Mann. Er war kurzbeinig bei gedrungenem Leib. In die Stirn wuchs ihm das Haar. Hinter seiner dicken Brille versteckt, kam er dahergetappt und rannte mich um. Im letzten Augenblick entwich ich zur Seite ... Mir war klar, ich müßte jetzt Philosophie studieren." Die Begegnung wurde zur entscheidenden Wende: „Ich wollte wissen, was das alles ist: ein Jude, die Juden, ein Student, die Studenten, die Universität, die Professoren." Als Sohn der Arbeiterklasse wurde Gerhard Zwerenz zum Studium zugelassen und studierte von 1952 bis 1956 Philosophie an der Karl Marx-Universität in Leipzig.

In Zwerenz' Worten wird eine historische Tatsache deutlich,

die in ihrer Tragweite bisher nicht erkannt worden ist: Nach dem Holokaust erlebte das deutsch-jüdische Denken noch einmal vor seinem unwiderruflichen Ende in der Geschichte eine Renaissance – in den Hörsälen von Leipzig, Frankfurt und Heidelberg. Die Kriegsgeneration, die kaum einen Juden mehr gekannt hatte und der die Juden nicht nur durch Goebbels- und Streicher-Reden, sondern auch durch ihre Lehrer verteufelt worden waren, drängte sich jetzt in die Vorlesungen von Theodor W. Adorno, Ernst Bloch, Max Horkheimer und Karl Löwith. Wohl gab es auch nach dem Kriege das Andachtspublikum in Freiburg, wo Heidegger als Hirte des Seins orakelte. Aber der entscheidende Einfluß auf die junge Generation ging von Adorno, Bloch und etwas später von Herbert Marcuse aus. Die studentische Kriegsgeneration von 1945 fand dann in den Studenten von 1968 ihre Erben. Da war wieder die gleiche Intensität des Suchens und Fragens, die in den Wirtschaftswunderjahren verlorengegangen zu sein schien, die gleiche Energie und Dynamik des Denkens, angeregt durch dieselbe Generation von Philosophen, deren eigene Geschichte jetzt unweigerlich zu einem Ende kam. Aber in den Impulsen für das Denken, Forschen und Handeln der sechziger und siebziger Jahre, für die Studentenbewegung von Berkeley bis Berlin lebte diese Generation weiter. Sie stellte die Vaterfiguren der „vaterlosen" Generation der Nachkriegszeit.

So schreibt Zwerenz, der Sohn der Arbeiterklasse: „Der Philosoph war mir der zweite Vater ... Das ging, o Freude, ohne die Intimitäten der Familie vor sich. Dieser Vater war nicht groß, fremd, unheimlich. Dieser neue und andere Vater war insistierend, anfeuernd, eine ständige Provokation. Mann, habe ich Schwein gehabt mit dem neuen Vater, den ich mir aussuchte in Leipzig."

Zwerenz hat dann im einzelnen berichtet, wie die Lage an der „Fakultät der guten Hoffnung" allmählich immer hoffnungsloser wurde. Zunächst hatte die Obrigkeit, wie er sagte, nicht geahnt, was ihr ins Haus stand: „Der XX. Parteitag [zog] am Institut für Philosophie etliche Jahre früher ein. Hier [starb] Stalin noch zu Lebzeiten."

Im Sinne seiner Philosophie identifizierte sich Bloch zunächst mit der Tendenz/Latenz der DDR – sowohl in seiner Forschung und Lehre als auch in seinen Stellungnahmen zur Politik des Tages, bis er schließlich feststellen mußte, daß die Richtung nicht mehr stimmte. In seiner dezidiert antikommunistischen Bloch-Monographie hat Hellmuth G. Bütow den Philosophen als Apologeten des „mitteldeutschen Kommunismus" bezeichnet. Er kann sich dabei besonders auf Blochs Aufsätze in der kulturpolitischen Zeitschrift *Aufbau* (Berlin) berufen. Dort erklärte Bloch 1951 in einem Aufsatz über „Parteilichkeit in Wissenschaft und Welt": „Die Fahne des Verstandes ist rot." (G X, S. 339.) Im Jahre 1952 feierte er die Nationale Volksarmee in glühenden Worten als „Deutsche Armee des Friedens": „Im Westen wird ... die gleiche Armee wieder aufgerüstet, die vor kurzem erst die Welt in Brand gesteckt hat, mit den gleichen Naziverbrechern, den eilig freigelassenen, an der Spitze, und mit den gleichen Auftraggebern dahinter. Im Osten Deutschlands aber wird genau die Widerstandsbewegung gegen diese erneuerte Mordarmee organisiert, und die Auftraggeber sind hier ... die Werktätigen, deren ... Interesse die Erhaltung ... des Friedens verlangt." (*Aufbau,* 1952) 1968 nahm diese „Armee des Friedens" an der Invasion der ČSSR teil, um den „Sozialismus mit menschlichem Gesicht" zu unterdrücken.

In einem Aufsatz über „Marx und die bürgerlichen Menschenrechte" sprach Bloch 1953 von der „faschisierten atlantischen Wirklichkeit". Auch der „liberale Spießer" beginne zu begreifen, „daß die überseeischen Haifische nicht die Retter der bürgerlichen Moral, daß die Schweinemetzger von Chicago nicht die Hüter der westlichen Kultur sein können". Die Menschenrechte und der Frieden hingen „am Strick des Richters Lynch und des Korea-Dulles". (G XI, S. 343 f.) Im Gegensatz dazu verwies Bloch auf das von Stalin errichtete „Banner der Menschenrechte" und die sowjetische Friedenspolitik.

Aber selbst Bütow mußte gestehen, daß Bloch sich einen Raum der Freiheit vorbehielt und durchaus seine eigenen Wege ging. Obwohl er in großen Zügen der Parteilinie folgte, kritisierte er doch den vorherrschenden „Praktizismus des vulgärmarxistischen Lagers" und forderte die „Rechte rücksichtslos sachlicher, praktisch eingreifender Kritik zum Zweck des sozialistischen Aufbaus", vor allem Kritik „gegen Schlendrian und Schematismus". Negative Reaktionen auf seine Forderungen nach Meinungsfreiheit konnten Bloch damals nicht entmutigen, obwohl er zugestand, daß „der Prozeß . . . noch mächtig viel Störung, Dummheit, Vernichtung in sich" habe. (G X, S. 341 f.) Das Prinzip Hoffnung ließ ihn die Situation der DDR in den fünfziger Jahren als ein Stadium der „Kinderkrankheiten der neuen Demokratie" diagnostizieren. Zwerenz berichtet, daß Bloch nach dem 17. Juni 1953 beiläufig bemerkte, „die Forderungen der Arbeiter nach Absetzung Ulbrichts seien wohl falsch, aber immerhin verständlich". Bloch erwartete Heilung „bei wachsendem Niveau von Direktion und Sache", denn der wirkliche Aufbau des Sozialismus könne nur durch „Kritikrecht, ja Kritikpflicht" vorangetragen werden. (G XI, S. 349.)

Die negative Reaktion der Parteiführung der Sozialistischen

Einheitspartei Deutschlands (SED) ließ nicht lange auf sich warten. Die Angriffe auf Bloch mehrten sich ab 1950 in der *Einheit*, der Zeitschrift für wissenschaftlichen Sozialismus, herausgegeben vom Zentralkomitee der SED, und im *Neuen Deutschland*, dem Zentralorgan der SED. Sie gipfelten in den Stellungnahmen des Ersten Sekretärs des Zentralkomitees der SED Walter Ulbricht im Jahre 1957. Die Angriffe richteten sich nicht gegen Blochs politische Artikel, sondern gegen seine Forschung und Lehre sowie seine Tätigkeit als Mitherausgeber der *Deutschen Zeitschrift für Philosophie*. Bereits 1947, als Bloch noch in den USA lebte, war im Aufbau-Verlag *Freiheit und Ordnung: Abriß der Sozialutopien* – ein Vorabdruck des vierten Teils aus dem *Prinzip Hoffnung* – erschienen. Es folgten *Subjekt-Objekt: Erläuterungen zu Hegel* (1951), *Avicenna und die Aristotelische Linke* (1952), *Christian Thomasius: Ein deutscher Gelehrter ohne Misere* (1953), *Das Prinzip Hoffnung*, Bd. 1–2 (1954/55). Während das *Prinzip Hoffnung* weitgehend unbeachtet blieb, entzündete sich die massive orthodoxe Parteikritik unerwartet an der Hegel-Monographie. Bloch hatte seine Hegel-Studie nicht „ein Buch über Hegel", sondern „eher eines zu ihm, mit ihm und durch ihn hindurch" genannt. Das Ziel sei „die durch Hegel und die Folgen bezeichnete Erhellung unseres geschichtlichen Woher, Wohin und Wozu". Das Problem der Freiheit sah Bloch nicht fix, sondern als Prozeß: „Die im dialektischen Prozeß anhängige Sache steht noch offen." (G VIII, S. 11.) Es ging Bloch um das „Unabgegoltene" und „Unerledigte" in Hegels Werk: „Sein Thema war das Selbst, das zur Erkenntnis kommt, das Subjekt, das mit dem Objekt, das Objekt, das mit dem Subjekt sich dialektisch durchdringt, das Wahre, das das Wirkliche ist. Und das Wahre ist kein stillstehendes oder ausgemachtes

Faktum, so wenig wie Hegel selbst." (G VIII, S. 12.)
Hegel war der Vorbote des Tauwetters von 1956. Es waren damals drei weitere Hegel-Arbeiten erschienen, darunter das Buch über den jungen Hegel von Georg Lukács. Diese Welle von Hegel-Veröffentlichungen führte zu einer erbitterten Kontroverse, die weitreichende politische Folgen haben sollte. Die schwerwiegendsten Einwände kamen von Rugard Otto Gropp, um den sich später die Anti-Bloch-Gruppe bilden sollte. Unter Berufung auf Stalins dogmatische Verurteilung des deutschen Idealismus als „Ausdruck der aristokratischen Reaktion gegen die französische bürgerliche Revolution 1789–94 und gegen den französischen Materialismus" beschuldigte Gropp sowohl Ernst Bloch als auch Georg Lukács der Verfälschung der marxistischen Philosophie: „Während Georg Lukács ... möglichst viel Marxismus schon in Hegels Philosophie [hineindeutet], so findet man bei Ernst Bloch das umgekehrte Bestreben, möglichst viel Hegelsches Erbe in den Marxismus zu übernehmen."
Diese Kontroverse wurde in der *Deutschen Zeitschrift für Philosophie* ausgetragen, die 1953 begründet worden war. Die Herausgeber waren unter anderen Ernst Bloch und Wolfgang Harich. Im Rückblick erscheint es symbolisch, daß das erste Heft der Zeitschrift mit der Todesanzeige Stalins eröffnet wurde. Im Vorwort verpflichteten sich die Herausgeber, „die Zeitschrift in den Dienst der Wahrheit zu stellen ... [und] dem neuen, sozialistischen Humanismus in der deutschen Philosophie der Gegenwart energisch Gehör zu verschaffen". Als wichtiges Mittel des Fortschritts betrachteten die Herausgeber den wissenschaftlichen Meinungskampf. Bereits im zweiten Jahrgang von 1954 wurde die Diskussion über das Verhältnis des Marxismus zur Philosophie Hegels aufgenommen, die dann mit der Verhaftung

des Chefredakteurs und Mitherausgebers Harich und der Ablösung des Redaktionskollegiums jäh abgebrochen wurde. Bereits vorher war die Zeitschrift vom Zentralkomitee der SED kritisiert worden, aber erst der Prozeß gegen Wolfgang Harich wegen sogenannter konterrevolutionärer und staatsfeindlicher Umtriebe ermöglichte die Gleichschaltung der international angesehenen Zeitschrift, in der die wichtigsten Artikel von Bloch und Lukács aus den fünfziger Jahren veröffentlicht worden waren.

Aber zunächst feierte man 1955 noch den siebzigsten Geburtstag Ernst Blochs mit der Verleihung des Nationalpreises der DDR und des Vaterländischen Verdienstordens in Silber, mit Glückwunschtelegrammen von Ulbricht und Grotewohl sowie mit der Ernennung zum Ordentlichen Mitglied der Deutschen Akademie der Wissenschaften der DDR in Berlin. Eine Festschrift, die Ernst Blochs Verdienste im „Kampf gegen die imperialistischen, militaristischen und antidemokratischen Kräfte" und um den Aufbau des Sozialismus und „die Erhaltung des Weltfriedens" würdigte, wurde von Rugard Otto Gropp als Herausgeber überreicht. Derselbe sollte zwei Jahre später den Kampf gegen Ernst Blochs Revisionismus eröffnen.

Im Jahre 1955 hielt Bloch den Vortrag „Differenzierungen im Begriff Fortschritt", in dem er darlegte, daß der Sozialismus noch sehr weit vom utopischen Reich der Freiheit entfernt sei. Im März 1956 stellte Bloch im Einleitungsreferat auf dem Philosophischen Kongreß der Deutschen Akademie der Wissenschaften zu Berlin über das Problem Freiheit fest, daß es in den sozialistischen Ländern „einige der bereits gewonnenen bürgerlichen Freiheiten nicht mehr oder noch nicht wieder" gäbe. (G X, S. 592.) In der Diskussion setzte er sich für den Abbau der vermeidbaren Freiheits-

beschränkungen in der DDR ein. (G XI, S. 368.)
Inzwischen waren die Gerüchte über Chruschtschows Geheimreferat „Über den Personenkult und seine Folgen" auf dem XX. Parteitag der KPdSU durchgedrungen. Mit einer typisch Blochschen Gnome reagierte der Leipziger Philosoph darauf: „Wie doch bloßes Wegtun reich machen kann." Im Gegensatz zu Lukács hatte Bloch durchaus im Banne der Persönlichkeit Stalins gestanden, auch wenn er in seiner politischen Haltung nie Stalinist gewesen war (Claus Grossner). Jetzt wurden ihm die Augen aufgetan, und er erkannte die „Bestialitäten ... lautloser Morde durch ganz Rußland hindurch, an kleinen Leuten, gutgläubigen Kommunisten, Unschuldigen, Hilflosen". Er forderte den Kampf gegen Amtsanmaßung von oben, gegen Personenkult, Schematismus und Dogmatismus. Den XX. Parteitag betrachtete er als „Quellwerk für den Alltag" und formulierte damals noch zuversichtlich das Aperçu: „Auch gilt ihm [dem XX. Parteitag] Talent ... nicht als Abweichung." (G XI, S. 357 – 365.)
Aber dann sollte Lukács' berühmtes Wort, Talent sei immer eine Rechtsabweichung, auch auf Bloch zutreffen. Als der Aufstand in Ungarn zusammenbrach, hielt Bloch am 14. November 1956 die Rede zum 125. Todestag von G. F. W. Hegel an der Humboldt-Universität zu Berlin, in der er Friedrich Engels' Trennung von System und Methode im Werk Hegels ablehnte und erklärte: „Ohne Hegel gäbe es keinen Marx". Dieser Vortrag bedeutete für die Parteihierarchie der SED eine Herausforderung und war ein Ausdruck offener Ketzerei. Damit waren die gesetzten Grenzen der Entstalinisierung überschritten. Später datierte die SED den Beginn des Blochschen „Revisionismus" auf diese Hegel-Rede zurück. Was damals die Parteifunktionäre

besonders verschreckte, war der enigmatisch bedrohliche Satz: „Jetzt muß statt Mühle endlich Schach gespielt werden." (G X, S. 482.) Im Hinblick auf die Aufstände in Ungarn und Polen mußte dieser Satz wie ein geheimes Signal klingen. Auf jeden Fall verstanden ihn Blochs Anhänger wie auch seine Feinde in diesem Sinne.

Am 30. Dezember 1956 nahm Walter Ulbricht in einem Leitartikel im *Neuen Deutschland* zum ersten Male kritisch zu Forschung und Lehre am Philosophischen Institut der Karl Marx-Universität in Leipzig Stellung. Ohne einen Namen zu nennen, verwies Ulbricht unmißverständlich auf Bloch als einen der Genossen, der dort die These vertrete, „man könne das Morgen nur vom Übermorgen verstehen". Aus Ulbrichts Anrede hat man gefolgert, daß Ernst Bloch Mitglied der SED war (H. G. Bütow, J. Rühle). Auch der *Spiegel* hat diese Nachricht kolportiert. Aber Bloch war nie Mitglied der SED, auch wenn er sich verpflichtet fühlte, „eine Art Parteidisziplin zu beachten" (Zwerenz).

Auf der 30. Tagung des Zentralkomitees der SED am 30. Januar 1957 nannte Ulbricht den Leipziger Philosophen dann beim Namen und verkündete mit einer negativen Anspielung auf Mao Tse-tungs Blumentheorie, daß es in der DDR nicht darum gehe, „alle Blumen erblühen zu lassen, sondern vielmehr um eine richtige Zuchtwahl der Blumen". Diese Rede von der „Zuchtwahl", die allein schon dem Worte nach fatal an die Sprache der Hitler-Diktatur erinnerte, hatte die Besetzung der Redaktion der *Deutschen Zeitschrift für Philosophie* und Beschlagnahmung der Manuskripte durch den Staatssicherheitsdienst sowie hohe Zuchthausstrafen für Wolfgang Harich (10 Jahre) und den Bloch-Schüler Günter Zehm (4 Jahre) zur Folge. Die Bloch-Schüler Richard Lorenz und Gerhard Zwerenz konnten sich der Verhaftung durch Flucht in die Bundesrepublik Deutschland entziehen. Das Heft 5 des Jahrgangs 1956 der *Deutschen Zeitschrift für Philosophie* wurde eingezogen und durch eine Doppelnummer 5/6 mit dem Ulbricht-Referat vom 30. Januar 1957 ersetzt. Im Jahres-Inhaltsverzeichnis wurden die Titel der Artikel von Bloch und Harich unterdrückt.

Die Schulphilosophen der DDR erfüllten mit einer „Konferenz über Fragen der Blochschen Philosophie" am 4./5. April 1957 in Leipzig ihr Pflichtsoll. Im einleitenden Hauptreferat bezichtigte Rugard Otto Gropp den Philosophen Ernst Bloch der ideologischen Demagogie. Er warf ihm Antimaterialismus, Scheindialektik, Wissenschaftsfeindschaft und Irrationalismus vor: „Die Grundmotive der Blochschen Philosophie . . . sind religiöser Natur." Als Anti-Imperialist und Antifaschist hätte Bloch ein wertvoller Mitarbeiter am Aufbau der DDR sein können, wenn er nicht Hegel zum Vorbild seines Denkens gewählt, Beziehungen zur Harich-Gruppe unterhalten und dem Lukács-Kult gehuldigt hätte. Die Blochsche Philosophie habe sich daher „als Grundlage oppositioneller Stimmungen und Bestrebungen" gegen die Gesellschaftsordnung der DDR hergegeben. Der „Blochismus" wurde auch von den übrigen Teilnehmern der Konferenz pflichtgemäß als Revisionismus abgeurteilt. Und Gropp erklärte in einem späteren Aufsatz: „Mystische Hoffnungsphilosophie ist unvereinbar mit Marxismus." (*Forum 11*, 1957.)

Ernst Bloch wurde im selben Jahre zwangsemeritiert. Wie Sokrates warf man ihm „Verführung der Jugend" vor. Am 20. April 1958 gab er eine höchst ironisch lakonische Loyalitätserklärung im *Neuen Deutschland* ab: „Ich stehe auf dem Boden der DDR." Brechts Figur des Herrn Keuner hätte es nicht besser gekonnt. Als *Das Prinzip Hoff-*

nung 1959 bei Suhrkamp in Frankfurt in der vollständigen Fassung erschienen war, brachte der Aufbau-Verlag in Berlin auch den dritten Band des Werkes für die DDR heraus. Aber erst als Bloch sich nach dem Bau der Berliner Mauer am 13. August 1961 entschloß, in der Bundesrepublik zu bleiben, wo er sich zufällig gerade zum Urlaub aufhielt, beschrieb er, wie er in der DDR in die Isolierung getrieben worden war, keine Lehrmöglichkeiten mehr hatte und der Kontakt mit seinen Studenten von den staatlichen Behörden unterbrochen wurde: „Meine besten Schüler wurden verfolgt und bestraft, die Möglichkeit für publizistisches Wirken wurde unterbunden, ich konnte in keiner Zeitschrift veröffentlichen, der Aufbau-Verlag in Berlin kam seinen vertraglichen Verpflichtungen meinen Werken gegenüber nicht nach." Bloch fühlte sich in der DDR durch Schweigen lebendig begraben. Auf Grund der Ereignisse des 13. August gelangte er zu der Feststellung, daß in dem neuen Staat, den er hatte aufbauen helfen, „für selbständig Denkende überhaupt kein Lebens- und Wirkungsraum mehr bleibt". (*Spiegel,* 27. September 1961.) Er entschloß sich daher, weder seine Arbeit noch sich selber weiter unwürdigen Verhältnissen und Bedrohungen auszusetzen. So schrieb er an den Präsidenten der Akademie der Wissenschaften der DDR in Berlin, daß er sich mit seinen sechsundsiebzig Jahren entschieden habe, nicht nach Leipzig zurückzukehren. Es mußte zu den größten Enttäuschungen Ernst Blochs gehört haben, daß es in dem Teil der Welt, der sich auf Karl Marx berief, keinen Platz für einen menschlichen Sozialismus geben sollte und es bei Zuchthausstrafe verboten war, die Welt anders als im verordneten Sinne zu interpretieren, geschweige denn, sie zu verändern.

Neue Hoffnung?

Im September 1961 hatte Ernst Bloch die DDR, das Land seiner Hoffnung, aufgegeben, „kaum aber die Hoffnung selbst“ (H. G. Bütow). Seine Tübinger Gastprofessur eröffnete er mit der Vorlesung: „Kann Hoffnung enttäuscht werden?“ Er machte sich die Antwort auf diese radikal gestellte Frage nicht leicht. Nicht nur Träumerisches werde immer enttäuscht, sondern auch *fundiertere* Hoffnung. „Auch sie kann und wird enttäuscht werden, ja sie muß es, sogar bei ihrer Ehre; *sonst wäre sie ja keine Hoffnung.*“ Die Gründe dafür lägen im Wesen der Hoffnung, „*erstens*, weil sie nach vornhin offen ist, in Künftiges hin, und nicht bereits Vorhandenes meint, ... *zweitens* aber ... weil sie auch als konkret vermittelte [Hoffnung] nie mit festen Tatsachen vermittelt sein kann“. Im Rahmen des geschichtlichen Prozesses sei noch nichts „als unwiderrufliches Faktum, das heißt Gewordensein, ausgemacht“. Bloch wollte Hoffnung streng von Zuversicht unterschieden wissen: „Hoffnung hat eo ipso das Prekäre der Vereitlung in sich“, aber auch das Moment der Möglichkeit. Hoffnung berge sowohl Rettung als auch Gefahr: „Man erwartet ein Gespräch und wird zum Tode verurteilt, oder auch: eine Katastrophe steht in Berechnung und eine Umarmung erfolgt.“ Konkretes Hoffen gebe bei Rückschlägen nicht einfach auf oder wechsele gar renegatenhaft zur Gegenpartei über. Im Gegenteil, Tatsachen könnten die Hoffnung nicht erschüttern. Hoffnung beachte lediglich die *Tendenz*, in der Tatsachen erscheinen. Entstehende schlechte Tatsachen werden durch den latenten Zielinhalt der Tendenz entlarvt und gerichtet. Als Zielinhalt nannte Bloch den realen Humanismus. Dieser reale Humanismus sei zwar auch ein Noch-Nicht-Sein par excellence, aber die Richtung auf dieses Ziel sei bestimmbar. Zumindest sei es möglich festzustellen, „was *nicht* realer Humanismus sei, sondern sein genaues Gegenteil, also etwa Hitler oder ... Stalin". Echte Enttäuschung gehöre als Maßstab mit zur Hoffnung. Indem die Enttäuschung als Maßstab wirke, entwickele sie revolutionäre Sprengkraft. In diesem Sinne also sei „fundierte Hoffnung ... durchaus nicht zu enttäuschen". Zum Beweis führte Bloch Kunst und Religion an. Im Gegensatz zu Thomas Manns Adrian Leverkühn erklärte er: „Die ... neunte Symphonie ist nicht mehr zurücknehmbar." Er zitierte Jean Paul: „Wäre ... [das Genie] zu unterdrücken, so hätte es nie eines gegeben" – und berief sich auf das Ende Christi, das ja „immerhin sein Anfang" gewesen sei. Schließlich variierte er das Hölderlin-Wort, „daß nicht nur, wo Gefahr, auch das Rettende, sondern wo das Rettende, auch Gefahr wächst". Der Weltprozeß sei „noch nirgends gewonnen", aber auch „noch nirgends vereitelt". Die Welt bleibe ein „Laboratorium des möglichen Heils". Der Anruf nach „Überschreiten", nach dem „Menschsein in dem transzendentalen Sinn" bestehe weiterhin als gestellte Aufgabe. Bloch beschloß seine Antrittsvorlesung mit einem Aufruf zum Studium der Hoffnung, „das die Not nicht vergißt und den Exodus erst recht nicht". (G IX, S. 385 – 392.)

Im selben Jahr, als Bloch die DDR verließ, erschien *Naturrecht und menschliche Würde*, das die Synthese von bürgerlicher Demokratie und Sozialismus zum Thema hat. Wieder ist es ein Buch der Erbschaft. Es geht um die „Aufgabe eines sozialistischen Erbes“ an den Intentionen des alten Naturrechts und den bürgerlich liberalen Menschenrechten, „dergestalt also, daß weder menschliche Würde ohne ökonomische Befreiung möglich ist noch diese ... ohne die Sache der Menschenrechte“. Beide seien wechselseitig aufeinander angewiesen: „Keine wirkliche Installierung der Menschenrechte ohne Ausbeutung, kein wirkliches Ende der Ausbeutung ohne Installierung der Menschenrechte.“ Bloch stellte die Erbschaft am klassischen Naturrecht als Notwendigkeit dar, die ebenso vordringlich sei wie die Erbschaft an den sozialen Utopien. Während „die Sozialutopie ... auf menschliches Glück“ ausginge, sei „das Naturrecht auf menschliche Würde“ ausgerichtet: „Die Sozialutopie malte Verhältnisse voraus, in denen die *Mühseligen* und *Beladenen* aufhören, das Naturrecht konstruierte Verhältnisse, in denen die *Erniedrigten* und *Beleidigten* aufhören.“ Beide haben ein sich ergänzendes humanistisches Anliegen, beide vermitteln „aufrechten Gang“, wie Bloch es an anderer Stelle mit seiner beliebten anatomischen Metapher genannt hat. (G XI, S. 445–458.) Während sie bisher getrennt marschiert seien, sei jetzt die Zeit gekommen, sie zum vereinten Schlag zusammenzuführen und Rosa Luxemburgs Vermächtnis zu verwirklichen: „Keine Demokratie ohne Sozialismus, kein Sozialismus ohne Demokratie.“ (G VI, S. 12 – 13; S. 227.) So erscheint der Wechsel des Wohnortes 1961 nicht als Notlösung, sondern als Handlung von innerer politischer und philosophischer Konsequenz.

Im Jahre 1963 erschien in erster Auflage die *Tübinger Einleitung in die Philosophie*, 1968 seine Theologie des Unglaubens *Atheismus im Christentum*. Diese umfangreiche Untersuchung zur „Religion des Exodus und des Reichs“ vervollständigt die Blochsche Philosophie der Religion vom

Geist der Utopie bis zum *Prinzip Hoffnung* und systematisiert sie. „Wie kaum eine andere Philosophie ist *Das Prinzip Hoffnung* dazu geeignet, der christlichen Hoffnungslehre zu ihrer eigenen Profilierung und Aktivierung zu verhelfen" (EBE, S. 243), erklärte der Theologe Jürgen Moltmann, der selbst eine *Theologie der Hoffnung* geschrieben hat. Paradoxerweise beruht Blochs internationaler Ruf weniger auf seinen marxistischen als auf seinen religionsphilosophischen Schriften, wie es sich besonders in seiner Rezeption durch die katholische und protestantische Theologie in Amerika zeigt. Im Vorwort der in New York erschienenen amerikanischen Übersetzung seiner Aufsätze hat Harvey Cox davon gesprochen, daß mit Ernst Bloch ein neues Kapitel in der Entwicklung der angelsächsischen Theologie beginne.

Die dem Buch *Atheismus im Christentum* vorangestellten Leitsprüche lassen Inhalt und Absicht dieses Werkes erkennen: 1. „Es ist das beste an der Religion, daß sie Ketzer hervorruft", 2. „Nur ein Atheist kann ein guter Christ sein, nur ein Christ kann ein guter Atheist sein", 3. „Entscheidend: Ein Transzendieren ohne Transzendenz". Bloch liest die Bibel detektivisch als „weiterwirkende *Ketzergeschichte*". Es geht ihm um den „roten Faden" der Rebellion gegen „biblisch vorhandene Servilität, Herrenideologie" und theokratischen Aberglauben. Blochs Religionskritik richtet sich gegen „re-ligio als repressive, regressive Rückbindung". (G XIV, S. 23 f.) Die Bibel ist für ihn ein Buch der Armen und Unterdrückten, in dem etwas enthalten ist, „was in keinem anderen Religionsbuch sich findet: Leiden, das keines bleiben will, bäumendes Erwarten von Auszug und Gutmachen". (G XIV, S. 54.) Wie im *Prinzip Hoffnung* wird Moses' Exodusgott im Gegensatz zum Herrn- und Vatergott dargestellt und Jesus als Mensch und nicht als

Kyrios-Christos betrachtet. Neu sind die Kain und Abel-Interpretation und vor allem die provozierende Auslegung der Hiob-Legende als Exodus aus Jahwe. Bei Bloch tritt Hiob als „Rebell" und „biblischer Prometheus" auf. Er wird eben gerade deshalb als fromm bezeichnet, weil „er nicht glaubt". (G XIV, S. 148 f.) Auch hier erweist sich Bloch als Oberketzer und Ikonoklast der Bibelkritik. Es bleibt abzuwarten, wieweit seine Interpretationen der Überprüfung durch die Bibelphilologie standhalten.

Im Jahre 1972 erschien schließlich Blochs große Studie zum Materialismusproblem, die 1936–37 geschrieben wurde und von den Anfängen des Blochschen Denkens bestimmt ist. Die Grundgedanken lassen sich bis auf seinen Jugendaufsatz „Über die Kraft und ihr Wesen" von 1902 zurückverfolgen und tauchen in ihrer Weiterentwicklung sowohl im *Geist der Utopie* als auch im *Prinzip Hoffnung* auf. Das Buch ist vom Geist der Jugend inspiriert, wie die bedeutsame Widmung zeigt: „Dem Jugendfreund Georg Lukács". Der ungarische Philosoph war im Juni 1971 gestorben, ihrem gemeinsamen Denken und Handeln hat Bloch hier ein Denkmal gesetzt.

Während *Das Prinzip Hoffnung* im Sinne des Marxschen Chiliasmus den Weg zur Naturalisierung des Menschen entwirft, so stellt das *Materialismusproblem* den Weg zur Humanisierung der Natur dar. In zwei Kursen, die durch den enzyklopädischen Reichtum des Materials schier überwältigen, wird die wechselvolle Geschichte des Materialismus in ihrer dialektischen Beziehung zum Idealismus von den Vorsokratikern bis zur modernen Physik dargestellt. Worum es geht, wird bereits deutlich in Blochs etymologischer Herleitung des Wortes Materie von *mater* (= Mutter), „also von fruchtbarem Weltschoß und seinen durchaus experimentierten

Formen, Figuren, Daseinsgestalten, Auszugsgestalten, voll unabgeschlossener Tendenz, unerfüllter Latenz". (G VII, S. 17.) Im Sinne seiner Ontologie ist Materie nicht Sein, sondern Möglichkeit: „Entelechie . . . [ist] offene Materie nach vorwärts." (G VII, S. 20). Mit diesem Buch stellt Bloch kühn eine Verbindung zwischen Utopie und Materie her, „zwischen Menschengeschichte und kosmischer Natur". Darin berühre sich „ein menschliches Reich der Freiheit mit dem Reich eines wirklich dem homo absconditus zugewandten Weltgesicht". Eine mystisch-materialistische Versöhnung von Mensch und Natur wird prophezeit: „Die große Werkstatt der Mensch- und Weltmaterie ist noch nicht geschlossen." (G VII, S. 478.) Hier erhebt sich allerdings die Frage, wozu es noch der menschlichen Freiheit bedarf, wenn diese Entwicklung bereits durch die Prozeßmaterie garantiert ist.

Auch in der Bundesrepublik beteiligte sich Bloch leidenschaftlich und engagiert an tagespolitischen Diskussionen über den deutschen Antisemitismus, die Bewältigung der Vergangenheit, Atombewaffnung, Notstandsgesetze und Entwicklungshilfe sowie Vietnam-Krieg, Israel und Stalinismus samt Antisemitismus in Polen und der Tschechoslowakei. Den bundesrepublikanischen Philosemitismus bezeichnete er scharfsinnig als ein „immanentes Stück Antisemitismus", einen „freundlich aufgenähten Davidstern", eine Art Reue, an deren Anlaß man nicht gern erinnert wird. Vor allem aber erinnerte er daran, daß „noch keine Brüderlichkeitswoche . . . überall nur offene Türen" einrenne. (G IX, S. 550–53.) Zur Bewältigung der unmittelbaren Vergangenheit stellte Bloch fest, daß von den Nationalsozialisten häufig so gesprochen werde, „als wären sie ein fremdes Volk gewesen, das über uns kam, mit der Unterscheidung: die Nazis und die Deutschen ... Die Deutschen und die Nazis sind sozusagen rassenmäßig verschieden, oder die Nazis sind vom Mars gekommen". (G XI, S. 378.)

In seiner Ansprache auf der deutsch-israelischen Kundgebung im Juni 1967 bezeichnete er klar die Bedrohung durch eine neue „Endlösung" – „diesmal nicht Gas, sondern wörtlich: ersaufen wie Ratten" – und setzte sich mit der siebzig Jahre alten Kompromißformel des Basler Programms von 1897 für die Selbstbestimmung und Selbstverteidigung des Staates Israel ein: „Nichts ist einer Gruppe, die sich ausweglos verfolgt fühlt, selbstverständlicher, als das Recht auf eine rechtlich gesicherte Heimstätte, und gar auf die, der fast zweitausend Jahre das Gebet galt: Nächstes Jahr in Jerusalem." (G XI, S. 422.) In Dubčeks „Sozialismus mit einem menschlichen Gesicht" erkannte Bloch die „Evolution zur sozialistischen Freiheit und Demokratie". Für wenige Monate war hier etwas von der „konkreten Utopie" verwirklicht worden, bis im August 1968 alle Hoffnungen durch die sowjetische Invasion zerstört schienen. Aber nicht für Bloch: „Das grauenvolle Prager Geschehen wird nie vergessen werden ... Bewunderung dem tapferen sozialistischen tschechoslowakischen Volk. Die Zukunft gehört ihm." (G XI, S. 418–19.)

Im November 1972 schloß sich Bloch einer gemeinsamen Erklärung von Schriftstellern an, die früher in der DDR gelebt hatten. Sie begrüßten den Abschluß des Grundvertrages zwischen der BRD und der DDR. In der Stellungnahme hieß es: „Wir sehen ... [im Grundvertrag] einen Beweis dafür, daß auch zwischen unterschiedlichen gesellschaftlichen Systemen Beziehungen der Vernunft und des humanen Ausgleichs möglich sind. Im Interesse des Friedens in Europa, im Interesse der Menschen in beiden deutschen Staaten und nicht zuletzt im Interesse der geistigen und künstlerischen Freiheit plädieren wir für eine konsequente Fortsetzung der Politik, die zum Abschluß des Grundvertrages führte." Die Erklärung schloß mit einem Wahlaufruf für die Bundesregierung Brandt. „Begegnung auf neuer Ebene" ist es, was Bloch für die Zukunft erhofft, „ohne Profitherren, ohne Kommandantur". (G XI, S. 471.)

Ein Vorgang aber, der Bloch fesselte und wieder hoffen ließ, war fast unbemerkt und unerwartet eingetreten: die studentische Revolution von Berkeley bis Berlin. Im Jahre 1964 wurde an der Universität von Kalifornien in Berkeley die *Free Speech Movement* gegründet, die den Beginn der weltweiten Studentenrevolution bildete. „Werft eure Körper in das Räderwerk und haltet die Maschinen an", rief Mario Savio, der Sprecher der Berkeley-Studenten, die von der „konkreten Utopie" einer menschenwürdigeren Universität und Gesellschaft bewegt waren. Der Funke von Berkeley sprang nach Berlin über: 1966 fand das erste *Sit-in* an der Freien Universität statt, Rudi Dutschke rief zur Außerparlamentarischen Opposition auf. 1967 folgte die „Perserschlacht" mit dem Tod des Studenten Benno Ohnesorg. Im Mai 1968 rief Daniel Cohn-Bendit an der Sorbonne die Räterepublik aus.

Im Februar desselben Jahres begegneten sich Ernst Bloch, der Theologe der Revolution, und Rudi Dutschke, der Wort- und Gedankenführer der studentischen Revolution, zu einer Podiumsdiskussion an der Evangelischen Akademie in Bad Boll. Der Journalist Gerhard Mauz berichtete im Hemingway-Stil: „Der alte Mann und der junge Mann sind ... fasziniert voneinander ... Rudi Dutschke antwortet jedem, doch genaugenommen ist allein Ernst Bloch sein Gesprächspartner." Bloch erklärte, daß man Revolution nicht mit

Krafthuberei verwechseln dürfe: „Selbstverständlich ist Revolution ein Reifezustand." Andererseits sei der biologische Ort des Neuen die Jugend. Revolution sei an eine unzufriedene Klasse gebunden. Früher seien es die Bauern und Bürger oder die Proletarier gewesen. „Die fehlen uns heute noch. Dafür haben wir . . . eben die Jugend." (G XI, S. 394 – 96.) Rudi Dutschke sprach vom langen Marsch durch die Institutionen. Man einigte sich auf „militante Hoffnung". Mauz stellte verblüfft, ja fast enttäuscht fest: „Dutschke trug Gedanken und Vorstellungen vor, denen vorzuwerfen ist – ihre Differenzierung." Diese intellektuelle Selbstdisziplin widersprach dem fanatisch verzerrten Dutschke-Bild, das auch der *Spiegel* der Öffentlichkeit präsentiert hatte. Aber der Reporter orakelte damals noch, ohne daß ihm der Sinn der hintergründigen Ironie seiner eigenen Schlußfolgerung aufging: „Ein billig interpretierter Dutschke . . . kann eine entsetzliche Waffe werden." Er fürchtete, die Gewalt könnte Dutschkes Gefolgsmann werden. Aber sie folgte ihm nicht, sie verfolgte ihn. Am Gründonnerstag 1968 gab ein verwirrter Jugendlicher als willfähriges Instrument der Massenerregung der Gesellschaft gegen die studentische Revolution drei Schüsse auf Rudi Dutschke ab.

Ernst Bloch ist fast der einzige deutsche Philosoph, der auch in zweifelhaftesten Situationen auf der Seite der studentischen Protestbewegung geblieben ist (Claus Grossner, Adelbert Reif). Für ihn brachten die Studenten wieder jenes Element der Revolution zum Bewußtsein, in dem es nicht nur die ökonomische Unterdrückung der Mühseligen und Beladenen gebe, sondern auch die autoritäre Entfremdung der Erniedrigten und Beleidigten. Der Beitrag bleibe wichtig, „den die studentische Revolte in der ganzen westlichen Welt geleistet hat – und diese Revolte ist noch nicht zu Ende".

Blochs Lebenswerk nähert sich seiner Vollendung. Von der Gesamtausgabe in sechzehn Bänden stehen nur noch die „Leipziger Vorlesungen zur Geschichte der Philosophie" und das „Experimentum mundi" aus. Seine Bedeutung als einer der wichtigsten deutschen Philosophen des 20. Jahrhunderts ist unbestritten. Zu den Topoi der Bloch-Kritik gehören seine Wirklichkeitsferne (H. G. Bütow, O. K. Werckmeister), sein Mangel an philosophischer Systematik (E. R. v. Diersburg) und sein unkritisches Verhältnis zu den erkenntnistheoretischen Grundlagen des Marxismus (Ivo Frenzel, Jürgen Habermas). Renate Damus hat bezweifelt, ob man bei Bloch von realem Humanismus sprechen könne: „Bei näherem Zusehen verwandelt sich Blochs Prinzip der Hoffnung für den Menschen in ein Prinzip ohne Hoffnung, seine Ontologie des Noch-Nicht-Seins in eine Ontologie des Nicht-Mehr." Gerhard Zwerenz hat über die Umfunktionierung Blochs zum „Kulturheros" und zur „westlichen Alibi-Figur" geklagt: „Bloch machte sich nicht zur Figur dieser Zustände, doch er wehrte sich auch nicht heftig genug. In Tübingen gelang keine Schulen-Bildung, die Synchronisierung von Theorie und Aktion unterblieb, auch das theoretische Minimum unterblieb – etwa die Lösung der herangereiften Judenfrage." Zwerenz' Meinung, daß Bloch wie kein anderer in der Lage gewesen wäre, in Richtung des Marxschen Aufsatzes „Zur Judenfrage" weiter vorzustoßen, ist zu bezweifeln. Wie Blochs Leben und Werk beweisen, stellt er in seinem Verhältnis zum Judentum und zu Israel ein Problem der Frage dar, deren Lösung ihm hier zur Aufgabe gemacht wird.

Ernst Bloch hat sich selbst als Philosoph des Marxismus bezeichnet, der dem Sozialismus jenen „Tropfen Irratio" vermittelt habe, ohne den der Sozialismus nicht überstehen könne. Bloch ist aber besonders und nicht zuletzt Vertreter jenes Teils des deutschen Judentums, das der deutschen Kultur so viel gegeben hat und dem von deutscher Barbarei alles genommen wurde. Wie Jürgen Habermas gesagt hat, sind „die jüdischsten Elemente der Blochschen Philosophie zugleich die wahrhaft deutschen". Seine Philosophie ist so deutsch, daß ihre internationale Anerkennung und Geltung bisher begrenzt geblieben ist. Die Geschichte des deutschen Judentums geht, wie es scheint, ihrem endgültigen und unwiderruflichen Ende zu (Marcel Reich-Ranicki), so daß für eine neue deutsche Kultur der Zukunft dieses Element nur noch als Erinnerung fortleben kann. Ernst Bloch hat mit seinem charakteristischen Optimismus im Gespräch erklärt: „Was ... einmal gewesen sei, könne geistig trotzdem fortzeugen, sei es in Israel, ja in Deutschland selbst." (EBE, S. 361.)

Quellen und Literatur

Diese Studie ist als Einführung in Ernst Blochs Leben und Werk angelegt. Der Schwerpunkt liegt auf der Erläuterung der Hauptschriften, nicht auf Metakritik. Deshalb wird aber nicht auf kritische Stellungnahme verzichtet.

In der vorliegenden Form wäre die Studie nicht möglich gewesen ohne Karola Blochs Anteilnahme und ständige Hilfs- und Auskunftsbereitschaft, mit der sie Entstehung und Entwicklung des Bandes begleitet hat. Weitere Anregungen verdankt der Verfasser seinen Kollegen und Freunden Amos Funkenstein und Ruth Goldschmidt Kunzer.

Die Darstellung stützt sich vor allem auf Hellmuth G. Bütows Arbeit über *Philosophie und Gesellschaft im Denken Ernst Blochs* (Berlin 1963), die trotz des militanten Antikommunismus wichtiges biographisches Material erschlossen hat, und auf das Bloch-Kapitel in Claus Grossners Buch *Verfall der Philosophie: Politik deutscher Philosophen* (Reinbek 1971). Blochs Werke werden nach der Gesamtausgabe in fünfzehn Bänden (Suhrkamp, Frankfurt/M. 1959 ff.) als G I ff. mit Seitenangaben zitiert, *Das Prinzip Hoffnung* (Bd. 5 der Gesamtausgabe) als PH mit Seitenangaben. Die Schriften über Bloch sind bibliographisch bis 1967 erfaßt in der Festschrift *Ernst Bloch zu ehren: Beiträge zu seinem Werk,* hrsg. von Siegfried Unseld (Suhrkamp, Frankfurt/M. 1965), zitiert als EBE; sowie in dem Band *Über Ernst Bloch,* mit Beiträgen von Martin Walser, u. a. m. (Suhrkamp, Frankfurt/M. 1968), zitiert als UEB. Eine Festschrift *Ernst Bloch zum 70. Geburtstag,* hrsg. von Rugard Otto Gropp, erschien 1955 im VEB-Verlag der Wissenschaften in Berlin. Im selben Verlag erschien 1957 die Gegenschrift *Ernst Blochs Revision des Marxismus.*

Bei den einzelnen Kapiteln stützt sich der Verfasser auf folgende Arbeiten:

Marianne Weber: *Max Weber: Ein Lebensbild* (Tübingen 1926); Theodor W. Adorno: „Für Ernst Bloch", in: *Aufbau,* 27. November 1942; Iring Fetscher: „Das Verhältnis des Marxismus zu Hegel", in: *Marxismus-Studien,* 3 (1960), S. 66–169; Ludwig Marcuse: *Mein Zwanzigstes Jahrhundert: Auf dem Weg zu einer Autobiographie* (München 1960); Jürgen Rühle: *Literatur und Revolution: Die Schriftsteller und der Kommunismus* (Köln 1960); Leopold Labedz (Hrsg.): *Der Revisionismus* (Köln 1965);

Heinz Kimmerle: *Die Zukunftsbedeutung der Hoffnung: Auseinandersetzung mit Ernst Blochs Prinzip der Hoffnung aus philosophischer und theologischer Sicht* (Bonn 1964); Egenolf Roeder von Diersburg: *Zur Ontologie und Logik offener Systeme: Ernst Bloch vor dem Gesetz der Tradition* (Hamburg 1967); Franco Lombardi: „Ernst Bloch", in: *Encyclopedia of Philosophy*, Bd. 1 (New York 1967), S. 321–323; Alois Edmaier: *Horizonte der Hoffnung: Eine philosophische Studie* (Regensburg 1968); Paul Honigsheim: *On Max Weber* (New York 1968); Evelina Krieger: *Grenzwege: Das Konkrete in Reflexion und Geschichte von Hegel bis Bloch* (Freiburg/Br. 1968); Arnhelm Neusüss (Hrsg.): *Utopie: Begriff und Phänomen des Utopischen* (Neuwied 1968); Alfred Jäger: *Reich ohne Gott: Zur Eschatologie Ernst Blochs* (Zürich 1969); Ferdinand Kerstiens: *Die Hoffnungsstruktur des Glaubens* (Mainz 1969); Carl Heinz Ratschow: *Atheismus im Christentum? Eine Auseinandersetzung mit Ernst Bloch* (Gütersloh 1970); Renate Damus: *Ernst Bloch: Hoffnung als Prinzip – Prinzip ohne Hoffnung* (Meisenheim am Glan 1971); Helga Gallas: *Marxistische Literaturtheorie: Kontroversen im Bund Proletarisch-revolutionärer Schriftsteller* (Neuwied 1971); Jürgen Habermas: *Philosophisch-politische Profile* (Frankfurt/M. 1971); Frederic Jameson: *Marxism and Form: Twentieth Century Dialectical Theories of Literature* (Princeton, N. J. 1971); Joachim Radkau: *Die deutsche Emigration in den USA: Ihr Einfluß auf die amerikanische Europapolitik 1933–1945* (Düsseldorf 1971); Adelbert Reif (Hrsg.): *Ernst Bloch: Im Christentum steckt die Revolte* (Zürich 1971); Otto-Karl Werckmeister: *Ende der Ästhetik: Essays über Adorno, Bloch, das gelbe Unterseeboot und der eindimensionale Mensch* (Frankfurt/M. 1971); Gerhard Zwerenz: *Kopf und Bauch: Die Geschichte eines Arbeiters, der unter die Intellektuellen gefallen ist* (Frankfurt/M. 1971); David Gross: „Ernst Bloch: The Dialectics of Hope", in: *The Unknown Dimension: European Marxism since Lenin,* hrsg. von Dick Howard und Karl E. Klare (New York 1972), S. 107–130; Ulrich Hedinger: *Wider die Versöhnung Gottes mit dem Elend: Eine Kritik des christlichen Theismus und A-Theismus* (Zürich 1972); Oskar Negt (Hrsg.): Ernst Bloch: *Vom Hasard zur Katastrophe: Politische Aufsätze aus den Jahren 1934–1939* (Frankfurt/M. 1972); Wilhelm Schmidt (Hrsg.): *Die Religion der Religionskritik* (München 1972); Maynard Solomon: „Marx and Bloch", in: *Telos,* Nr. 13 (Herbst 1972), S. 68–85; Hans-Albert Walter: „Die Exilzeitschrift Das Wort", in: *Basis,* 3 (1972), S. 7–60; Karl Heinz Bohrer: *Der Lauf des Freitags: Die lädierte Utopie und die Dichter* (München 1973); Robert Heiss: *Utopie und Revolution: Ein Beitrag zur Geschichte des fortschrittlichen Denkens* (München 1973); Herbert Marcuse: *Konterrevolution und Revolte* (Frankfurt/M. 1973); Marcel Reich-Ranicki: *Über Ruhestörer: Juden in der deutschen Literatur* (München 1973).

Zeittafel

Zusammengestellt von Karola Bloch

1885 Geboren am 8. 7. in Ludwigshafen am Rhein als Sohn des bayerischen Eisenbahnbeamten Max Bloch und Frau Berta geb. Feitel.

1898 Erste philosophische Abhandlung in einem Schulheft: „Das Weltall im Lichte des Atheismus". Frühe Lektüre philosophischer Werke in der Schloßbibliothek Mannheim.

1902 „Über die Kraft und ihr Wesen" – ein Essay, den die *Frankfurter Zeitung* abdrucken wollte, was aber nicht wegen eines möglichen Disziplinarverfahrens im Gymnasium geschah.

1902 bis 1903 Briefwechsel mit Ernst Mach (ein Faksimile ist noch erhalten), Theodor Lipps, Eduard v. Hartmann, Windelband.

1905 Abitur am humanistischen Gymnasium in Ludwigshafen.

1905 bis 1906 Studium der Philosophie in München (bei Lipps).

1907 bis 1908 Fortsetzung des Studiums in Würzburg (bei Külpe). Nebenfächer: Musik und Physik.

1908 Promotion (nach sechs Semestern) mit der Dissertation: *Kritische Erörterungen über Rickert und das Problem der modernen Erkenntnistheorie* (gedruckt 1909).

1908 bis 1911 Aufenthalt in Berlin. Dazwischen Besuch in Budapest, Bekanntschaft mit Georg Lukács, daraus folgende Freundschaft. In Berlin Teilnahme am Privatkolloquium bei Georg Simmel. Dort Begegnung mit Margarete Susman, der eine lange Freundschaft folgte.

1911 Aufenthalt in Garmisch. Fortsetzung der schon 1907 begonnenen Aufzeichnungen zur Theorie des Noch-Nicht-Bewußten.

1912 Reise nach Italien mit Lukács. Danach Aufenthalt in Heidelberg im Kreis von Max Weber. Immer wieder Rückkehr nach Garmisch. Entwurf einer Erkenntnistheorie mit utopischen Tendenzen als Objekt der Erkenntnis.

1913 Heirat mit Else von Stritzky, Bildhauerin aus Riga, in Garmisch. Nachfolgender Wohnort in Heidelberg bis 1914.

1914 bis 1917 Grünwald im Isartal. Dort entstand das erste Werk: *Geist der Utopie.*

1917 Im Frühjahr Ausreise nach Bern: Auftrag des *Archivs für Sozialwissenschaft,* Heidelberg, zur Fertigstellung einer Untersuchung über „Politische Programme und Utopien in der Schweiz" (1918 in diesem *Archiv* erschienen). Mitarbeit an der *Freien Zeitung* und dem Freien Verlag, Bern (Opposition gegen Hindenburgs und Ludendorffs Krieg).

1918 *Geist der Utopie* bei Duncker und Humblot in München erschienen. Arbeit an einem Manuskript zur Logik, das durch die Nazis verlorengegangen ist.

1919 Rückkehr nach Deutschland. Zuerst Berlin, dann München.

1920 bis 1921 *Thomas Münzer* geschrieben. Bei Kurt Wolff in München 1921 erschienen.

1921 Tod von Else. Umsiedlung nach Berlin.

1922 Im Juli Heirat mit Linda Oppenheimer, Malerin aus Frankfurt. Generalvertrag mit Verlag Paul Cassirer. Dort Neuausgabe von *Geist der Utopie* (1923), *Spuren* (1930).

1924 Aufenthalt in Positano, Italien.

1925 bis 1926 Paris und Sanary (bei Toulon), Reise nach Tunesien.

1926 Aufenthalt in Berlin. Engere Beziehungen zu Kracauer, Adorno, Benjamin.

1928 Mitarbeit an der *Frankfurter Zeitung.* Freundschaft mit Brecht, Kurt Weill, Otto Klemperer. Geburt der Tochter Mirjam.

1929 Aufenthalt in Wien.

1930 bis 1933 Berlin. Erscheinen von *Spuren.* Arbeit an „Erbschaft dieser Zeit", als kritischer Darstellung der zwanziger Jahre insgesamt.

1933 Anfang März Emigration nach Zürich. Erscheinen von *Erbschaft dieser Zeit* 1935 bei Emil Oprecht, Zürich.

1934 Wien. Im November Heirat mit Karola Piotrkowska, Architektin aus Lodz, Polen.

1935 Paris. Teilnahme am Kongreß „Pour la Défence de la Culture". Zusammenarbeit mit antifaschistischen Kreisen in Paris. Studien zur Problemgeschichte des Begriffs Materie.

1936 bis 1938 Prag. Manuskript: „Geschichte und Gehalt des Begriffs Materie". 1937 Geburt des Sohnes Jan Robert. Regelmäßige Mitarbeit an der Prager *Weltbühne.*

1938 bis 1949 Emigration nach den USA. 1938 bis 1940 New York; 1940 bis 1941 Marlborough, New Hampshire; 1942 bis 1949 Cambridge, Massachusetts. Herstellung der Manuskripte „Das Prinzip Hoffnung" (ursprünglicher Titel „Träume vom besseren Leben". Oxford University Press interessierte sich für das Manuskript, aber trotz Bemühungen von Freunden, vor allem von Paul Tillich, ist es zu keinem Vertrag gekommen, sonst wären die „Dreams of a Better Life" zuerst in den USA erschienen), „Naturrecht und menschliche Würde", religionsphilosophische Studien, „Subjekt-Objekt – Erläuterungen zu Hegel". Dieses Buch ist 1949 in Mexico City in spanischer Übersetzung erschienen.

1948 Berufung auf den Lehrstuhl für Philosophie, Universität Leipzig.

1949 Mit Frau Karola und Sohn Jan nach Leipzig übergesiedelt. Antrittsvorlesung: „Universität, Marxismus, Philosophie". Erscheinen der Bücher: *Subjekt-Objekt, Das Prinzip Hoffnung* (Band 1 und 2 der im Aufbau Verlag, Ost-Berlin, vorgesehenen dreibändigen Ausgabe), *Christian Thomasius,* ebenda, *Avicenna und die Aristotelische Linke,* Rütten und Loening.

1955 Nationalpreis der DDR; ordentliches Mitglied der Deutschen Akademie der Wissenschaften, Berlin.

1956 Erste Reise nach Westdeutschland zur Kölner Tagung der Philosophischen Gesellschaft.

1957 Nach den Aufständen in Polen und Ungarn (Ende 1956), mit denen sich E.B. solidarisierte, Zwangsemeritierung. Drohende Verhaftung in Zusammenhang mit dem Wolfgang Harich-Prozeß.Literarische, philosophische, politische Aufsätze. Fertigstellung der Manuskripte „Geschichte der Philosophie" nach den von 1949-56 gehaltenen Vorlesungen über griechische, mittelalterliche, neuere und gegenwärtige Philosophie.

1959 Reise nach Frankfurt am Main zur Hegel-Konferenz. Erster Vertrag mit Suhrkamp-Verlag für *Spuren* und *Das Prinzip Hoffnung.* Im Sommer Reise nach Paris und Cerisy-la-Salle zur Tagung des „Centre culturel Cerisy-la-Salle" mit dem Thema „Genèse et structure". Dort Vortrag „Über das Vermehrende im Prozeß und seinen Gestalten". *Spuren* und *Das Prinzip Hoffnung* erscheinen im Suhrkamp-Verlag. In Ostberlin Erscheinen des dritten Bandes von *Prinzip Hoffnung.*

1960 Vorträge in Tübingen, Heidelberg und Stuttgart. Einladung für eine Gastprofessur an der Universität Tübingen.

1961 Sommerreise nach Bayreuth. Begegnung mit Wieland Wagner, darauffolgende Freundschaft mit ihm. Überrascht durch den Bau der Mauer, beschließt Bloch, nicht mehr nach Leipzig zurückzukehren. Annahme der Gastprofessur in Tübingen, später ordentliche Professur. Eröffnungsvorlesung: „Kann Hoffnung enttäuscht werden?" Vorlesungen und Seminare zu philosophischen Grundfragen, Philosophie der Renaissance, Schopenhauer, Hegel. Ab 1966 Unterbrechung der Vorlesungen, Fortdauer der Seminare. Zahlreiche Vorträge im In- und Ausland. Teilnahme an Tagungen und Kongressen.

1964 1. Kulturpreis des Deutschen Gewerkschaftsbundes.

1967 Friedenspreis des Börsenvereins des Deutschen Buchhandels.

1969 Ehrendoktorwürde der Universität Zagreb, Jugoslawien.

1972 Erscheinen des *Materialismusproblems.*

1974 Erscheinen von *Experiment Welt.*

Inhalt

KÖPFE DES XX · JAHRHUNDERTS

Jean Anouilh
Samuel Beckett
David Ben Gurion
Gottfried Benn
Werner Bergengruen
Ernst Bloch
Heinrich Böll
Wolfgang Borchert
Wernher von Braun
Bert Brecht
Carl J. Burckhardt
Albert Camus
Paul Claudel
Le Corbusier
Friedrich Dürrenmatt
Albert Einstein
T. S. Eliot
William Faulkner
Sigmund Freud
Max Frisch
Mahatma Gandhi
André Gide
Maxim Gorki
Günter Grass
Peter Handke
Werner Heisenberg
Ernest Hemingway
Hermann Hesse
Hugo von Hofmannsthal
Karl Jaspers
Uwe Johnson
James Joyce
Ernst Jünger
C. G. Jung
Erich Kästner
Franz Kafka
John F. Kennedy
Martin Luther King
Käthe Kollwitz
D. H. Lawrence
Siegfried Lenz
Georg Lukács
Wladimir Majakowski
Heinrich Mann
Thomas Mann
Christian Morgenstern
Robert Musil
Eugene O'Neill
José Ortega y Gasset
Pablo Picasso
Ezra Pound
Marcel Proust
Rainer Maria Rilke
Bertrand Russell
Antoine de Saint-Exupéry
Jean-Paul Sartre
Arnold Schönberg
G. B. Shaw
Stauffenberg
John Steinbeck
Igor Strawinsky
Pierre Teilhard de Chardin
Martin Walser
Franz Werfel
Thomas Wolfe
Carl Zuckmayer
Stefan Zweig

COLLOQUIUM VERLAG BERLIN